上海市法学高原学科 资助

本书为中国法学会2015年度部级法学一般课题“制度性需求下的《监狱法》修改研究”（项目编号：CLS<2015>C51）的最终成果及2014年国家社科基金“以再犯罪风险控制为导向的监狱行刑改革实证研究”（项目编号：14BFX064）阶段性成果

上海政法学院 刑事法学文库

制度性需求下《监狱法》修改研究

ZHIDUXINGXUQIUXIAJIANYUFAXIUGAIYANJIU

刘崇亮◎著

U0822642

中国法制出版社
CHINA LEGAL PUBLISHING HOUSE

上海政法学院刑事法学文库
总　　序

上海政法学院是以法学学科为主干，社会学、政治学、经济学、管理学、语言文学等多学科协调发展的政法类院校。其中，刑事法学既是学校创立之初的主导学科，也是学校的优势学科，在依托刑事司法学院的基础上，开设了法学（刑事司法方向）、监狱学（监狱学方向和社区矫正方向）等本科专业，并承担刑法学专业硕士研究生、法律硕士的培养。发展至今，学校已为上海乃至全国培养了大批应用型、实践型的政法人才，为社会输出了大批优秀的毕业生。

我校刑事法学在茁壮成长的历程中既经历了风雨又取得了许多骄人的成绩：2005 年刑事司法方向被上海市教委批准为上海高校本科教育高地建设项目；2007 年刑法学获得上海政法学院校级重点学科建设项目；2009 年刑法学被批准为上海市教委第五期重点学科建设项目；同年，监狱学专业又分别获得教育部特色专业和上海市第三批教育高地立项；之后，监狱学又于 2010 年获得中央财政的支持，2012 年获得上海市高校一流学科（B 类）建设的立项；2012 年刑法学又获得上海政法学院“十二五”内涵重点学科和硕士点建设项目；2015 年监狱学再次获得上海市教委高原学科建设项目。学科队伍形成了老中青的学术梯队，聚集了一批既有相关实践经验又有一定学术造诣的教研人员，其中多人获得地方乃至国家级荣誉称号，并远渡至德国、法国、日本等国进行访学。至今，本学科已承担省部级以上课题十余项，出版著作近百部，发表学术论文数百篇。

我院刑事法学立足于刑事一体化视野研究，经过多年的打造，已经形成了独特的学科优势和特色，犯罪学、刑事政策学、监狱学（监狱学方向和社区矫正方向）、青少年犯罪学研究处于全国领先地位。

在犯罪学领域，具有中国犯罪学学会副会长一人，常务理事四人，理事若干人。中国犯罪学研究会预防犯罪专业委员会设在我院。《犯罪学论坛》已经成为国内有影响的出版物，在犯罪学基础理论研究、预防犯罪研究等方面颇有建树。依托犯罪学科成立的“社会治安综合治理研究中心”与上海市社会治安综合治理研究所通力协作，为上海市社会治安综合治理建言献策提供了理论支撑。

在刑事政策学领域，从广义刑事政策学视角出发，出版了《中国刑事政策原理》《中国刑事政策的建构理性》等著作，承担了国家社会科学基金、司法部、上海市哲学社会科学、上海市教委的科研项目，《刑事政策论坛》作为国内唯一研究刑事政策的出版物已经出版了四辑，从事刑事政策研究的学术梯队已经形成，并在国内学术研究中具有一定的影响力。

在监狱学研究领域，监狱学专业和学科是上海高校唯一、全国高校为数不多的本科特色专业和重点学科。学校拥有三十多年的监狱学专业和学科的发展历史，积累了比较丰富的教学科研经验。特别是近几年来，在监狱学专业和学科建设上取得的成绩令人瞩目；先后出版二十多本监狱学专业和学科的教材、专著，发表专业论文两百多篇；获得省部级以上科研项目多项，一批科研成果获奖；2009 年监狱学专业获得教育部第四批特色专业建设点立项，刑法学专业被批准为上海市第五期重点学科建设项目，其中监狱学学科为重点研究方向之一；2011 年以来，监狱学专业和学科连续获得中央财政支持地方高校发展专项资金项目，2012 年获得上海高校一流学科法学学科建设重点项目，其中监狱学为重点建设方向之一，2015 年又获上海高校高原学科法学学科建设项目，其中监狱学为重点打造方向之一。

在社区矫正研究领域，2002 年 8 月，上海社区矫正试点工作在市委政法委的直接领导下开展，我校参与了上海社区矫正的研究和运作方案的设计。从 2003 年开始，我校先后承担了上海市委政法委、上海市司法局委托的有关社区矫正的课题，起草上海市“社区矫正地方性法规”的草案，对社区矫正服刑人员进行风险评估、服刑人员个案选编、社区矫正评价体系的构建等专题研究，成为上海等地区开展社区矫正的指导和工作用书。我校最早开设社区矫正系列课程和成立社区矫正研究中心，据国家书目查询系统提供数据，我校最早出版了社区矫正书籍《美国矫正制度概述》（1997 年）。崔会如教授在其 2010 年出版的《社区矫正实现研究》（P86～87）一书中提及，社区矫正研究取得成果数量最高的是上海，最多的是上海政法学院。2008、2009、2010、2014 年，我校先后承担 4 项社区矫正的国家社科基金项目、2 项教委重点项目、2 项司法部项目和 1 项中国法学会项目，我校社区矫正教学和学术研究在全国具有一定的影响。

在青少年犯罪学研究领域，我校也在国内居于领先地位。在刑法学硕士点下设了专门的青少年犯罪与司法方向，依托中国预防青少年犯罪研究会、上海市法学会未成年人法研究会、上海市预防青少年犯罪研究会等设置了“全国青少年犯罪与司法研究及服务中心”，形成了具有较强竞争力的学科梯队，出版了《青少年犯罪与司法论要》《少年法院的学理论证与方案设计》《法学的童真》等数十部著作，发表论文两百余篇。

为了适应学科发展的需要，给学科建设人员提供更广阔的平台，使我校刑事法学再上一个新台阶，“刑事法学文库”的出版发行无疑对此具有强大的推动作用，也是我校刑事法学发展历程上的新起点。同时，也以此为契机，为我国刑事法学的发展尽些绵薄之力。

刑事法学与其他部门法学最大之不同在于其研究对象主要是犯罪，然而犯罪是使人厌恶的，会给人带来不愉快的感觉，故而研究犯罪的刑事法学与社会的灰暗总是如影相随，这就要求我们每个刑事法学的研究者始终保有一颗价值无涉的公正之心，“刑事法学文库”将予以明证。

严　励

2015年10月

目　录

Contents

导　论

一、研究背景

作为生活范围界限和协作调节的法律，它安排各种社会的关系：一方面指派物品、活动领域和统治范围，并且给予划定界限，另一方面它为人们的合作准备着各种程序和组织形式。① 为此，法律首先要具备能够为秩序提供界定的必要形式，明确且符合人们在空间与步骤上的遵守，即要具备法律本身要实现功能的外在形式。同时，内容本身也必须具备善法的内在的属性，即正义与公平。为此，边沁从功利主义的角度出发，认为立法者应当追求两个目标，一是给仁善感情增添新的力量，二是根据功利原则规定对仁善感情的运用。残酷的法律会通过恐惧、模仿或培养复仇精神等使人变得残酷，而温和的法律能使一个民族的生活方式具有人性，政府的精神会在公民间得到重现。②

作为打击犯罪和预防犯罪、惩罚罪犯和改造罪犯的刑事法律来说，因为其严厉的特殊性和强制属性，既要瞻前宽严适度，又要顾后着眼预防；既要符合一般法的规范化，又要体现惩罚与改造的基本属性。刑事法律既包括实体法，又包括程序法，规范刑事司法的

① ［德］H. 科殷著：《法哲学》，林荣远译，华夏出版社 2003 年版，第 174 页。

② ［英］吉米·边沁著：《立法理论——刑法典原理》，孙力等译，中国人民公安大学出版社 1993 年版，第 151 页。

法为刑法和刑事诉讼法，刑事执行的规范法主要表现为监狱法。兼具实体与程序法的监狱法,[①] 作为打击犯罪的刑事法律体系的最后一道防线，监狱法应当属于刑罚资源投入的“关键阀”，它不但规范着监禁刑的顺利执行，还关乎着刑罚效益的顺利实现。

我们国家现行实施的监狱法典为1994年12月29日第八届全国人大常委会第十一次会议审议通过的《中华人民共和国监狱法》(以下简称《监狱法》)，尔后2012年10月26日第十一届全国人民代表大会常务委员会第二十九次会议对该法进行修订，并于2013年1月1日起正式实施。《监狱法》实施之前，规范我们国家监狱行刑的法律为《中华人民共和国罪犯劳动改造条例》(以下简称《劳动改造条例》)。《监狱法》的出台代替了实施四十年之久的《劳动改造条例》，改变了监狱内的刑罚执行仅仅依靠行政法规的尴尬局面，使得中国的监狱法治事业至少在“有法可依”的层面实现目标。《监狱法》作为刑事执行法的主干法，其颁行标志着“三位一体”的刑事法律体系初步形成，使得我国的刑事立法结构更趋合理、完备。就立法具体内容而言，监狱法既总结吸收了新中国成立40多年来监狱工作的成功经验，也借鉴了国外监狱制度的一些行之有效的做法，具有诸多的突破和亮点。[②]

可以说，正是由于监狱法的顺利出台，才使得“政治模式的改造刑”到“法治模式的改造刑”的渐趋转型。改造刑在中国六十多年的发展中，又历经了两种发展方向，可以把改造刑划分为两个历史阶段，即“政治模式的改造刑”和“法治模式的改造刑”。政治模式当然和一般意义上的农业社会非法治式的罪犯改造模式有所不同，但又有某种共同性，如都具有意识形态与实质性的特质。整

---

① 监狱法的性质究竟为实体法还是程序法，抑或两者兼而有之，理论界尚存在不少的争议。本文认为两者兼而有之，后文将深入分析。

② 参见金鉴主编：《监狱学总论》，法律出版社1997年版，第254页。

个八十年代到九十年代中期，中国监狱的罪犯改造模式仍然具有实质性的特点，但此时因为现代商品经济关系已经开始导入，以市场为导向的经济形态也开始在监狱行刑关系中有所体现。一直到九十年代中期，即监狱法的出台之前，中国社会的变革以商品经济为先导并且导引到其他领域的改革，在这里特别需要指出的是，中国社会的变化是以改革为中心课题的，也就意味着抛弃了革命式的改造。在这场深刻的社会变革过程中，农业社会开始向工业化社会过渡，农业社会中的经验模式开始转向由契约关系和市场关系来调整社会关系，监狱行刑由传统的政策主导型开始转向法治化，罪犯权利在法学界开始被讨论。“讨论罪犯的权利意味着政府开始走出了单纯从政治角度去理解犯罪，完全以政治原理解释监狱行刑及纯粹以政治标准对待罪犯的时代，开始迈向把犯罪与罪犯作为法律范畴的概念予以理解。”① 但是，在国家体制下的主导话语权成为变革过程中的主导力量的背景下，把罪犯改造成为“新人”仍然是监狱行刑的目标，政治话语权仍然成为罪犯改造过程中的主导性权力，所以，整个八十年代到九十年代中期可以说监狱行刑潮流完全和当时社会发展形态相适应，即农业社会向工业社会过渡且并存的发展形态，也就意味着中国式的罪犯改造正处于政治模式向法治模式过渡阶段。二十世纪九十年代中期，中国社会改革迎来了春天，随着监狱法的颁布，中国监狱行刑的法治化时代拉开了序幕。随着中国社会改革的深化，经济领域内市场化运作日益规范，市场经济关系本质是法制型经济形态，它进而蔓延到其他领域也要求法治化。同时市场经济对监狱本身运行机制产生了巨大的冲击力，监狱职能由分散到专一充分说明了经济形态决定政治形态的法则，当然也就对罪犯改造制度产生了深远而广泛的影响。

---

① 王云海：《监狱行刑的法理》，中国人民大学出版社2010年版，第64页。

一方面自九十年代末以来，中国监狱进行深刻的变革，监狱的罪犯改造模式处于政治化向法治化转型的裂变期，但监狱罪犯改造状况总体落后于社会的发展。近年来的西方狱制文明深深影响着中国的罪犯改造现状，这不仅体现在法治模式的切入，还包括西方的行刑社会化和行刑科学化的思潮引领着改造实践的勃兴，源于西方式的心理矫治、分级处遇等制度受到前所未有的重视，大有矫正模式全面取代基于政治理念的改造模式之趋势。①

但事与愿违的是，作为专门规范监狱行刑的《监狱法》自二十世纪九十年代中期颁布实施至今，虽然社会形势、法制环境、司法状况、立法水平等已是“轻舟已过万重山”——《监狱法》的实施使狱内与狱外环境发生了重大的变化，《监狱法》仍然“熟视无睹”。《监狱法》虽然于2012年经人大常委会进行了一次修改，但那亦是“不得已”的应时性法律调整，这种应时性的修法无法全面克服监狱法与其他刑事法律的冲突，这只是问题的一方面。更为本质的问题是，如果说法律冲突引起的负面后果尚可以依据上位法优于下位法、新法优于旧法之原则解决，而一部区区78条、整体全面落后于当代中国监狱行刑事业之法律要成为行刑法治化的根本前提，则无异于“痴人说梦”。虽然中国监狱行刑事业在过去二十年当中取得了一定成绩，但是行刑效益却日益滑坡。行刑效益降低的因素很多，但究其根源，当代中国的狱制长时期是“经验式”的“思想形态”权力改造模式，此种权力改造模式因长期受制于“劳改经验”的巨大习惯性运作的藩篱，政策的主导性力量通常优于法律。造成此种尴尬境遇的重要原因就是《监狱法》本身之粗陋，严重缺乏可操作性。适时启动对《监狱法》全面修改可谓“生逢其

① 刘崇亮：《范畴与立场：监狱惩罚机能的限制》，中国法制出版社2015年版，第23页。

时”，因而对《监狱法》修改之研究具有重大的实践意义。

另一方面，在世界范围内新的行刑理论研究成果取得了巨大的进步，从再犯风险评估到心理矫治的研究都较以往研究成果丰硕。在新监管技术和新的行刑理念指导下的狱政制度也在一些国家开始实施。但是，当前我们对于监狱法的研究仍然只停留在启蒙的立法原理探究阶段，诸如罪犯的权利保障、罪犯教育改造方法等，缺乏实证意义上的改造技术的理论语境。使得长久以来，我们国家的监狱理论研究一直处于传统的劳改法学研究范式。“就传统的劳改法学而言，无论是其学科形态还是理念形态，其过于直率地引用了国家意识形态的话语工具，在价值和功能上并未作严格的区分，要么是把经验性的材料整理成制度性的理论，要么是针对某时某地的制度缺陷进行制度的构建，而不注重理性的解构。”①

本课题在构建监狱立法理论体系的同时，对此问题的创新性研究也将促进传统改造理论向以新术语、新技术为范本的新行刑理论转换。

二、研究的视角与思路

就目前国内的相关研究来看，研究者们从法理学、监狱学的角度进行了有益的探索。这些研究成果我们可以概括为以下几个方面：一是法律冲突论，即认为《监狱法》颁布实施后，与宪法、刑法、刑事诉讼法等方面存在着法律冲突，使得《监狱法》修改迫在眉睫。二是修改模式论，即认为《监狱法》的制定应当采取何种模式才适合当代中国的行刑实践。修改模式大致可以分为两种模式，有的主张多元分散模式，有的则主张一元模式。一元模式意味着主

① 刘崇亮：《本体与维度：监狱惩罚机能研究》，中国长安出版社2012年版，第5页。

张监禁刑和非监禁刑应纳入统一的刑事执行法典中，认为有利于整合刑事司法资源，有利于理顺我们国家的刑罚执行的一体化机制。该一元模式一个非常重要的理论依据就是刑事一体化，并认为世界范围内一元模式的不在少数。主张一元论的观点基本上坚持一直以来中国自身特色的监狱法立法模式，可谓本土派之立法模式。多元论立法模式的一个非常重要的理论依据就是鉴于当前我们国家刑罚执行的现实状况以及监禁刑执行的不同于非监禁刑的性质，监禁刑与非监禁刑分开立法更有利于节约刑事司法资源。三是技术缺陷论，即认为《监狱法》的编章结构、条款内容、文字表述等存在着突出的问题，需要进行修改和完善。

正是上述国内理论界对监狱法立法理论与实践的深入研究，使得监狱法理论得到了丰富。学者们对监狱法理论的持续深入的研究，正是依托了监狱行刑的实践，坚持把中国的监狱行刑实践与监狱法文本结合分析，一方面推动了监狱行刑理论的科学发展，另一方面也通过理论的研究推动了中国监狱制度的完善与发展。

对监狱法立法的研究虽然取得长足进步，但是仍然存在着一些思考的空间。一是目前的研究过于偏重于法律文本本身，研究思路多限于文本立法技术。法律文本当然是成文主义国家中立法理论研究的对象与基础，脱离法律文本来研究立法理论势必会失去研究基础。但是仅限于法律的文本技术研究，使得规范背后的法理基础分析不深刻；并且相当一部分研究范围是定位于监狱法与其他法律特别是两大刑事法的冲突。《监狱法》在2012年经过人大常委会的修订，有一部分的法律冲突或者衔接基本得到了解决。笔者认为对文本的研究不仅应当对立法技术，还应当对包括立法目的、立法原则、制度构建等方面进行深入的研究。二是实证意义上的调查分析基本空白，使得研究缺乏说明力。波斯纳认为，不仅法律现象中可以获取大量实证分析所要求的数据从而进行量化分析，就是法律规则本身也可以作为实证分析的对象。[1] 监狱法相较于刑法或者刑事诉讼法的明显的区别就是，后者属于裁判性法规，即刑法和刑事诉讼法是为刑事裁判提供实体或程序的规范总称，而监狱法系调整监狱与罪犯在监狱刑罚执行过程中发生的行刑法律关系的规范。这种行刑法律关系在法的性质上表现为行政法的性质。而对于那些表现为行政性质的狱政、教育、管理等制度是否合理、必要及可行，就必须进行实践调研及实证分析，以期使得制度批判或制度构建具有较强说服力。

就目前域外的研究现状来看，因为英美等国家通常采取的是监狱法律（规则）汇编，并无统一的监狱法法典，所以对监狱法的立法研究不多。相比英美国家或地区，采取法典形式的日本及我国的台湾地区学者们则对监狱立法研究则要丰富得多。具有两个特点：（1）研究内容大都定位于罪犯主体性权利、处遇内容与监狱法的修订。（2）研究成果对监狱行刑具有重大的指导意义，有效推动了监狱法的修订和现代化。

研究者虽然不是制度的制定者，更不是立法者，但又要站在两者的角度来探究如何做到法律文本修改的最佳效果。当前《监狱法》在实施过程问题凸显，对其修改的模式和方向理论与实务界也莫衷一是，远未达成一致意见，在此研究背景下，如何从历史与逻辑的角度来论证采取《监狱法》是否为“调整监狱行刑法律关系的法律”就显得尤其重要。因为只有坚持这一前提性注脚，才有可能把现行《监狱法》中一些并非体现“监狱行刑法律关系”的条款给予清除出去，才能明确监狱法本身的运行边界。

现行《监狱法》本身存在着重大的缺陷是理论与实务界主张亟须进行全面修改的根本理由，只有把这些立法缺陷界定清楚，才有

① ［美］波斯纳：《法理学问题》，苏力译，中国政法大学出版社 1994 年版，第 465 页。

可能进行针对性的修改和完善。虽然当前也有些研究成果对《监狱法》本身的缺陷进行了分析，但并不全面。《监狱法》的立法缺陷的分析本身就是个跨学科、跨专业的综合性问题，它既涉及立法学、法理学、宪法学、刑法学、刑事诉讼法学、监狱学，又涉及哲学、逻辑学、语言学，所以对该问题深入而全面的分析既是重点又是难点。

本课题的研究对象虽然为《监狱法》的法律文本，但因为《监狱法》调整对象特殊，对监狱行刑法律关系的研究离不开监狱这一本来意义上的器物，对监狱及其制度研究又离不开对其实证意义上的调查，而众所周知，对监狱及其制度的实证资料的收集将会是本课题的一个难点。但总的来说，课题负责人将利用曾经长期在监狱系统工作的优势，将上述重点、难点问题进行深入分析，以期形成一个较为全面、稳妥、可行、科学的《监狱法》修改理论体系。本课题将制度性需求与《监狱法》修改首次结合在一起研究，使得法律文本的修改具有明确的导向。当前《监狱法》修改的研究方向和内容都定位于法律文本本身的立法缺陷和法律冲突方面，而以制度性需求为导向的《监狱法》修改研究不但关注法律文本本身的缺陷，还考虑将当前一些科学的监狱行刑制度纳入《监狱法》中，从而真正使得《监狱法》更加完善。本课题将采用定量和实证的方法分析监狱行刑制度纳入法律文本中是否科学和可行，此举将是《监狱法》修改研究中的重大突破。此前的《监狱法》修改研究都是定性研究和文献分析，定量分析基本没有，使得法律实证效力缺乏依据。本课题正是在调研的基础之上，对当前一些亟须纳入监狱法法典之中的监狱刑罚执行制度进行合理论证，以确定是否可以纳入法典之中，以最终满足监狱的制度性需求。具体写作思路如下：

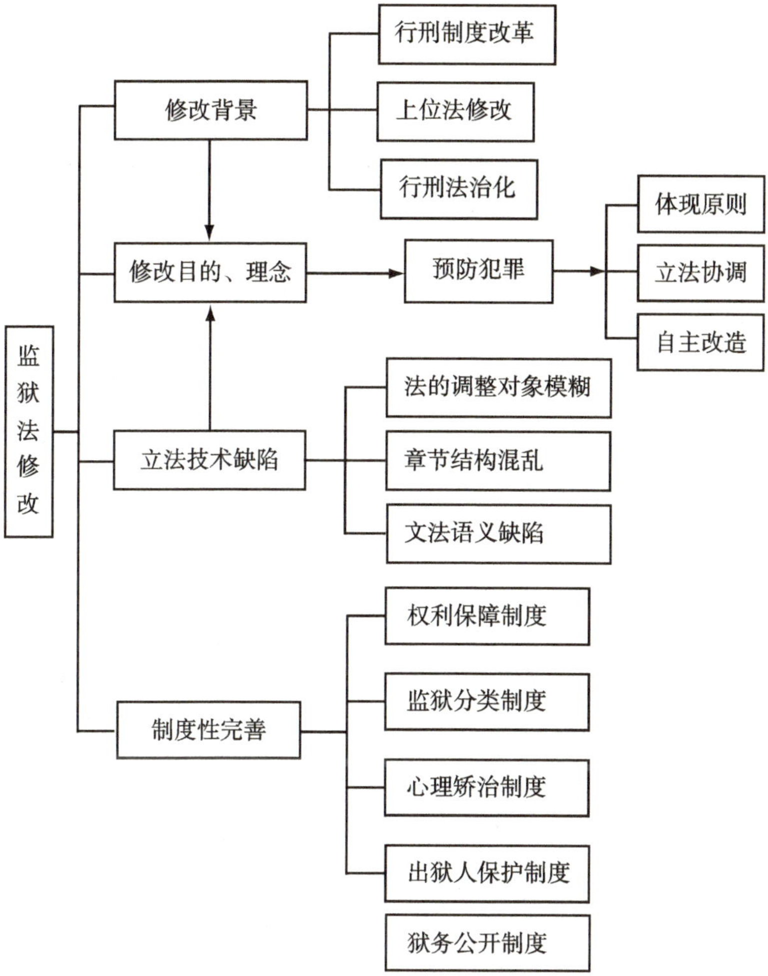
监狱法修改
修改背景
行刑制度改革
上位法修改
行刑法治化
修改目的、理念
预防犯罪
体现原则
立法协调
自主改造
立法技术缺陷
法的调整对象模糊
章节结构混乱
文法语义缺陷
制度性完善
权利保障制度
监狱分类制度
心理矫治制度
出狱人保护制度
狱务公开制度

第一章　监狱法修改的立论与现实基础

晚清时期，在沈家本引导下的监狱改良运动在“中体西用”的指导思想下，将那个时代的西方价值目标系统引进传统监狱行刑的框架内，是中国监狱近现代化艰难启程。直至新中国成立之时，西方的教育刑论条件下的矫正刑模式一直被中国监狱尝试着应用，但因为动荡不安的社会条件下此矫正刑模式只是一种悲情式的理想。随着新中国的诞生，在政治体制苏俄化的大背景下，作为监狱变异形态的劳改队履行着对罪犯的改造职能，肇始于社会主义革命理性的“劳动改造”，在实践形态上一直履行着监狱行刑的全部功能。[①]作为一种社会主义国际经验因为特定的历史原因被契合进了新中国长达六十多年对罪犯改造的发展历程中，曾几何时，“劳动改造”不仅在实践中从器物形态到制度形态都是名副其实，而且在一定程度上形成了具有自身特色的理论体系。与“劳动改造”理论相对应的“劳改法”理论也更多的表现为以思想改造、监管改造和劳动改造为制度构建起来的理论，但因为整体落后于依法治国的时代理念，行刑法治化和科学化成为监狱行刑理论的主旨。

作为规范监狱刑罚执行的法典，《监狱法》的出台对于监狱行刑法治化、科学化和社会化都具有重大的现实意义，是新中国成立至二十世纪九十年代中期我们国家监狱惩罚和改造罪犯的的经验总结，也在很大程度上借鉴了当时世界范围内一些先进的有益做法。

---

① 刘崇亮：《本体与维度：监狱惩罚机能研究》，中国长安出版社2012年版，第85页。

《监狱法》颁布实施已经过去二十多年，监狱工作在取得巨大进步的同时，监狱所处的内部环境以及监狱行刑面临的宏观环境也都发生了巨大变化。因此，若要对监狱立法理论进行深入的研究和探讨，我们必须对监狱法的立论基础以及法典修改所处的宏观背景进行分析。只有在宏观上对监狱法修改所处的宏观背景清晰分析后，我们才能建构起监狱法在应然意义上的立法现实依据、监狱法的目的、监狱法的基本原则、监狱法的制度框架等，才能在未来的监狱法的立法及修改中把清脉络、厘清思路。

第一节　监狱法修改的理论基点：罪犯能否改造

监狱法是刑罚执行的法典，《监狱法》第 1 条就明确规定了刑罚执行的基本内容——为了正确执行刑罚，惩罚和改造罪犯。这就意味着惩罚与改造都系监狱刑罚执行的基本功能。改造功能虽然系作为监狱本质机能的惩罚的必要的和主动的补充，是在几千年来监狱惩罚功能负面效果而衍化而来的监狱次要机能，但是，在新的历史条件下，文明时代对改造功能的期待越来越强并成为监狱实现刑罚效益的根本途径。① 不管从监狱的本质属性来看，还是从监狱实际功能来看，监禁本身就是惩罚的必要内容，所以惩罚对于监狱而言是不证自明的。但是，改造对于监狱而言，却因为改造本身的特性争议很大。说改造机能的发挥强调对个性的依赖，意味着刑罚执行的个别化是和改造机能的理论基础是相通的，罪犯在惩罚机能面前都是千人一面，而在改造机能面前却是千人千面。刑罚执行个别

① 刘崇亮：《本体与属性：监狱惩罚的新界定》，载《法律科学》2012 年第 6 期。

化指的是监狱在刑罚执行过程中，应当根据犯罪人的年龄、性别、刑期长短、性格特征、生理状况、犯罪性质、人身危险性程度、犯罪的社会危害性、服刑的状况与表现等，对犯罪人给予不同的矫正措施和处遇，以最大限度地使犯罪人顺利重返社会打下良好的基础。不论是中国模式的改造抑或是西方模式的矫正，要么是认为罪犯的思想、心理或道德上存在问题，要么是把罪犯作为心理、精神上的带病的个体来进行矫正，所以才有“千种疾病千种药方”的说法。[①] 但是，我们既然知道犯罪是社会的“疾病”，那么罪犯改造是否有效则具有重要的意义，它是当代监狱所有改造罪犯活动的基础。

但是对罪犯的改造或矫正是否有效在当代中国的行刑实践中争议巨大。罪犯改造是否有效是监狱行刑理论与监狱立法理论的基石，只有对此作出科学的回答才可能对监狱法中诸多的监管改造、劳动改造及教育改造的制度性构成作出合理的安排。

一、改造无（有）效论之肇始

（一）关于西方国家的改造无效论

世界范围内罪犯改造的观念在经过二十世纪五六十年代的繁荣后突然走向衰微。“就像雪地里的一颗炸弹，Robert Martinson 教授于 1974 年发表的报告《什么有效？关于监狱改革的问与答》宣告了一个急切否定改造效果时代的来临。”[②] Martinson 教授于 1945 年至 1967 年对 231 个矫正项目的研究成果进行了有效性检验，采用

---

① 刘崇亮：《本体与维度：监狱惩罚机能研究》，中国长安出版社 2012 年版，第 96 页。

② Clive R. Hollin, *The Essential Handbook of Offender Assessment and Treatment*, John Wiley Ltd (2004), p. 7.

了控制组与实验组比较的研究方法，对矫正方法的有效性进行了评估，结果得出结论——现行所有的矫正项目采用的矫正方法对于减少再犯没有任何明显有效的效果。① 甚至在更早时期，心理学家 Ray Simpson 在一份调查报告中指出，基本上没有证据表明治疗的方法对罪犯本身具有的行为与性格倾向有效果，监狱迄今为止的改革都是愚蠢而不适当的。②

正是受史称"马丁森炸弹"的"改造无效论"在西方行刑理论中的巨大影响，自二十世纪七十年代起，刑事司法领域中更为"强硬手段"（get tough）开始取代改造而成了判决与矫正中的基本观念。正义惩罚与改造失败的观念开始盛行。正义惩罚的观念意味着刑罚的目的并非犯罪预防，而在于刑罚的严厉和罪犯造成的损失相称。当改造被放弃后，美国在过去的三十五年的时间里，对罪犯处置的趋势持续地变得严厉和具有惩罚性。美国假释委员会和多个州甚至被取消了假释权力，假释被"事实量刑法"（truth-in sentencing）和"三振出局法"（three strikes and you are out）所取代。③

改造无效论不但对刑事司法实践和监狱改革产生了巨大影响，而且对当代美国刑罚理论也产生了重大影响。刑罚理论自受到改造无效论、刑罚保守论等影响后，其概念、目标、用语以及技术等都发生了深刻变化，这种以上述组成元素为新形式的刑罚理论，有学者称之为"新刑罚学"（new penology）。"旧刑罚学"过分关注个体，刑事制裁旨在保护个体，故尤其强调刑事司法程序，其标志性

---

① Robert Martinson, *What works? Questions and Answers about Prison Reform*, Public Interest (1974), pp. 24 ~ 25.

② Ray Simpson, *Prison Stagnation since* 1900, Journal of The American Institution of Criminal Law and Criminology, 1936 (4).

③ D. A. Andrews & Jams Bonta, *Rehabilitating criminal Justice Policy and Practice*, Psychology, Public policy and Law. 2010 (2).

用语关涉对个体的责任（responsibility）、过错（fault）、道德情操（moral sensibility）、诊断（diagnosis）、干预（intervention）及其矫正（correction）。相反，“新刑罚学”更多关注于对犯罪风险技术的运用，包括鉴别（identity）、归类（classify），其任务为管理而非改造，对个体化的诊断与反应被出于监督、限制、控制目的的总分类制度取代。①

新刑罚学自二十世纪九十年代兴起后，改造无效论仍然持续地深入影响着刑事司法实践。这种影响的直接后果就是包括美国在内等西方主要国家的监狱人口规模持续的膨胀和重新犯罪率持续上升。在美国，自1992年至2007年美国监禁率由505/100000上升到756/100000，另外还有超过500万的成年犯处于社区监督之中，2007年超过220万的未成年人被逮捕。② 另根据美国刑事司法统计局的特别报告《1986~1997年重新进入联邦监狱》显示，此十余年间从美国联邦监狱释放出的21万多的罪犯中，3年后近3.4万多罪犯重新进入联邦监狱系统服刑，占出狱人员的16%，重返监狱的比率自1986年的11.4%上升到18.6%。另据美国刑事司法统计局的数据表明，2006年美国的地方监狱系统释放出狱的罪犯中重新被监禁的比率达到17%。③

改造无效论对刑事司法理论与实践的影响导致新古典主义的报应论大行其道，这其中有深广的政治与社会因素。美国与英国在政治上的明显右倾，解决了心理治疗与刑事司法体系之矛盾，当改造的效果不那么明显的时候，人们重新转向建立在严厉惩罚与及时的

---

① Malcolm M. Feeley & Jonathan Simon, *The New Penology*: *Notes on the Emerging Strategy of Corrections and Its Implications*, Berkeley Law, 1992（1）.

② D. A. Andrews & Jams Bonta, *Rehabilitating criminal Justice Policy and Practice*, Psychology, Public policy and Law. 2010（2）.

③ See *Sourcebook of Criminal Justice Statistics Online*, *http*: *//www. albany. edu/sourcebook/tost_ 6. html.*

“餐后甜点”（just desserts）基础之上的刑事司法哲学。以 Robert Martinson 教授为首的学院派只不过代表了右倾化的政治与社会性因素的前台，其理论分析通常建构在很强的政治分析（political analysis）的基础之上，并且拒绝任何解释犯罪的理论。①

（二）关于西方国家的改造有效论

学院派采用实证的方法对改造有效的观点进行了抨击，其采用政治性的语言叙述系统，迎合了当时的社会思潮——既能体现古典正义式的惩罚，又能达到一般预防的目的。但是，学院派的改造无效论自诞生之日起就受到了广泛的质疑。改造无效论反对者首先对惩罚的效果进行了研究。首先对基于惩罚而预防犯罪提出批评的是心理学家，他们在近百年来一直致力于在控制好实验环境的条件下对惩罚进行了不懈的研究。在这近一个世纪的研究中，心理学派认为把惩罚作为刑事司法政策基石是荒唐的。Andrews 和 Bonta 教授对惩罚为什么失效进行了概括，认为惩罚有效必须具备以下四个条件：一是惩罚须为最大强度，低限度的惩罚只会导致容忍与临时的效果。但很难设想对一个非严重的犯罪而适用高强度的惩罚，这会违背人们正义与公平的情感。二是惩罚必须及时，惩罚与犯罪行为之间的延误将会导致其他犯罪行为的发生，但现实中往往很难实现。三是惩罚必须全部实现，除非每个罪犯和犯罪行为都受到惩罚，否则犯罪就会受到奖赏。四是逃跑的机会或者其他获得奖赏的方式必须被阻断，因为没有人愿意受到惩罚，但是每个罪犯都心存侥幸。上述四个条件的完全齐备才能达到惩罚的效果从而实现犯罪预防，但是刑事司法实践中很难实现，特别是众多心理学证据表明

① Clive R. Hollin, *The Essential Handbook of Offender Assessment and Treatment*, John Wiley Ltd（2004）, pp. 9 ~ 10.

严厉的惩罚只会导致犯罪行为的增加。[①]

改造有效论者一方面批评惩罚对预防犯罪的没有效果，另一方面又论证改造的有效性，这使得二十世纪九十年代改造观念又得以复苏，尤其在英、加、美等国家，改造重新被纳入刑事司法体系当中。[②] Robert Martinson 教授的报告发表之初就受质疑，之后的研究大量增加了纯实验与准实验（quasi-experimental）的研究，更多的有关罪犯改造效果的积极结论相继发表。[③] 二十世纪八十年代两方面研究的重大进展在减少再犯罪方面具有明显效果。一是元分析（meta-analytic）技术的发展使得能够以定量分析的方法来对大量的文献进行综合分析。比如，1989 年，Lipsey 对 400 个青少年罪犯的改造个案进行了研究，他发现经过改造，罪犯的再犯率平均减少 10%；而当方法控制和改造变量（如样本规模、期间、评估方法）等被正确运用时，再犯率甚至减少 30%。[④] 二是原先仅关注犯罪原因论的社会犯罪学（sociological criminology）开始转向更多关注个体行为的犯罪行为心理理论（theory of a psychology of criminal conduct）。这种理论认为犯罪行为是在社会环境中习得，社会支持和认知导致的行为是犯罪的重要因素。在此理论基础之上，Bonta 和 Andrews 教授提出著名的“风险—需要—响应”（Risk-Need-Responsivity）罪犯评估和改造三原则。风险原则指的是对于高风险的罪犯应当给予直接的高强度管理，对于低风险的罪犯应当给予低限度的

---

① D. A. Andrews & Jams Bonta, *Rehabilitating criminal Justice Policy and Practice*, Psychology, Public policy and Law. 2010（2）.

② Clive R. Hollin, *The Essential Handbook of Offender Assessment and Treatment*, John Wiley Ltd（2004）, p. 8.

③ Gendreau, P. & Ross, R, *Revivication of Rehabilitation*: *Evidence from the* 1980*s*, Justice Quarterly, 1987（4）.

④ Lipsey. M. W, *The Efficacy of Intervention for Juvenile Delinquency*: *Results from* 400 *Studies*, Paper Presented at the 41 st Annual Meeting of the American Society of Criminology, 1989.

管理。需要原则指的是据以犯因性需要（criminogenic need）进行改造。响应原则指的是响应罪犯的认知风格和能力而提供相应类型和模式的改造。并且在实践中根据此三原则对罪犯改造的方案进行实证评估，结果是改造的有效性得到了检验。[①]

然而值得注意的是，虽然学者们通过实证研究得出了“什么改造有效”以及“如何实现改造实效”的大量研究成果，并且随着监狱部门把这些研究成果持续地投入行刑实践中，但结果却无法让人满意。这同样也受到了改造无效论者的质疑与批评，他们认为实验的结果很难在实践中得以推广，或者其研究本身就存在问题。但是，反对者认为，建立在小规模样本基础之上的实验组得到的数据结果与实践中大规模实施效果之间存在的差异本身不能够证明改造没有效果，而是因为提供给罪犯的改造方案与管理方面存在着问题，并且诊治工作人员、方案管理者及行政官员不能够以恰当方法付诸评估与实施。[②]

现有的资料表明，西方发达国家中，对罪犯改造的效果不管是在理论界还是实务部门两方谁也无法完全说服对方，但却对这些国家的各个阶段的罪犯改造实践产生了巨大影响。当然，不管是改造无效与改造有效论，抑或是新刑罚学与旧刑罚学，都认为应当采取适当路径预防和减少再犯罪。

（三）关于我国改造无（有）效的理论

中国传统的罪犯改造理论是以马克思主义认识论为论证的哲学基础。具有中国特色的改造理论从马克思主义哲学层面上回答了改

① D. A. Andrews & Jams Bonta, *Rehabilitating criminal Justice Policy and Practice*, Psychology, Public policy and Law. 2010（2）.

② Guy Bourgon, *The Role of Program Design, Implementation, and Evaluation in Evidence—Based "Real World" Community Supervision*, Federal Probation（6）.

造刑的存在根据，即“人是可以改造的”，它既是认识论，又是方法论。该理论最为鲜明的特色就在于它把改造的目的与社会理想紧密地联系在一起，增加了改造的使命感。① 而且在中国的改造实践中，于长达六十多年中国特色改造制度的演进过程里，改造不但在手段上成立，还在法律属性上属于监狱的次生机能。我国《监狱法》第 1 条就明确规定为了正确执行刑罚，惩罚和改造罪犯，预防和减少犯罪，这就表明我们国家采用立法的形式，把惩罚和改造都确定为监狱的行刑机能，只不过在法律属性上惩罚机能属于本质机能，改造机能属于次生机能。② 这就意味着罪犯改造在我们国家监狱的刑罚执行过程中，属于监狱行刑机关的一项基本职责，只有改造机能依法顺利实现，监狱行刑的基本目的才能实现。改造对于罪犯而言因法律的规定必须接受而具有强制性，本质上于其而言属于义务。③

我国不但以立法的形式规定了罪犯改造是监狱的次生机能，还在 1954 年颁布实施的《罪犯劳动改造条例》及 1994 年颁布实施的《监狱法》中用大量的条款规定了罪犯改造制度。现行《监狱法》第六章和第七章的第 61 条至第 77 条对教育改造制度进行了明确的规定，涵盖了教育改造的方法、形式、内容等，具有较强的可操作性。另外 2003 年司法部颁布实施了专门规定罪犯改造的部门法规《监狱教育改造工作规定》。该部门法规共 10 章 63 条，对监狱法规定的教育改造制度又进一步进行了明确。

然而，在当前我国的监狱行刑理论研究中，虽然对罪犯改造

---

① 刘崇亮：《本体与维度：监狱惩罚机能研究》，中国长安出版社 2012 年版，第 85 页。

② 刘崇亮：《本体与属性：监狱惩罚的新界定》，载《法律科学》2012 年第 6 期。

③ 这就显然区别于英美等国家关于罪犯改造的规定，英美等国并没有把改造明确规定为强制性的法律义务，其带有较大的自愿性。也正是基于此，西方关于罪犯改造是否有效自然就显得更具有探讨的空间。具体参见刘崇亮：《罪犯改造自治权论》，载《当代法学》2016 年第 3 期。

的研究可谓汗牛充栋，关于罪犯改造的方法和手段的研究成果颇多，但对罪犯改造具有本源性意义的问题——“罪犯改造是否有效”却没有进行正本清源式的深入探讨。当然，在理论研究与罪犯改造实践之中，对于罪犯改造是否有效我们国家相比较其他国家采取了另外一种不同的径路，即罪犯改造质量评估。

那么，罪犯改造质量评估和罪犯改造无（效）是否是一回事？要准确回答这个问题，就必须界定清楚罪犯改造质量评估的实质，以及两者在评估标准、评估目的和评估实效检验等方面进行区分。为此，下文将进行深入分析。

二、评价标准与方法

为了检验罪犯改造是否有效，最为根本之处还是在于准确把握其内部构造及其研究径路的科学性，从而使得评价结果具有可靠性和效用性。为此，在对罪犯改造到底是有效还是无效分析之前，我们必须清楚罪犯改造无（有）效的评估标准。在我们国家的罪犯改造实践与理论研究中，关涉罪犯改造的相关评估具体包括罪犯改造质量评估、罪犯改造管理评估以及罪犯改造是否有效评估。但是，罪犯改造是否有效的评估标准在我们国家理论研究与实践中被模糊化了。

（一）关于罪犯改造是否有效的评估标准

实践中有的监狱系统把罪犯改造管理评估作为罪犯改造工作对罪犯的改造是否有效的评估标准。他们把罪犯在服刑期间的改造表现作为监狱改造活动的评估标准。罪犯的改造表现被细化为罪犯的劳动改造态度、思想改造态度、政治学习态度、遵守监规监纪态度等方面，这些方面再次细化，如在遵守监规监纪方面又被细化为警示性违纪、一般性违纪以及重大违纪三个方面。上述指标给予相应的评估系数，罪犯在入监时集中给予一次评估，根据评估系数给予相应的评估结果。经过一定的改造后，再对罪犯进行评估，根据评估结果划分为改造效果积极、一般和消极三类。[①] 据此，监狱方面可以根据此三类结果来整体评价罪犯改造活动的具体效果。

另外，有学者把西方关于罪犯改造无效（有效）论研究等同于我们国家的罪犯教育改造质量评估研究。该学者认为罪犯教育改造质量评估的目的是甄别何种矫正实践更符合期待结果的最有效的实践，监狱罪犯教育改造质量评估的依据为矫正有效性。其对随机样本划分为初犯组（控制组）和再犯组（实验组）两个组别，把是否再犯作为因变量，把罪犯教育改造质量评估的指标依据作为自变量，采用二元回归的分析方法进行定量分析，主要考察犯罪年龄、刑期、犯罪类型、前科状况、个体生平作为静态对于再犯罪的影响，把婚姻家庭关系、文化程度、就业状况、反社会人格模式、亲犯罪态度、亲犯罪的社会支持、毒品滥用这七项作为动态评估指标来考察对再犯罪的影响。最后根据研究结果把创建的再犯罪风险回归模型作为监狱罪犯教育改造质量评估模型。[②]

上述关于罪犯改造管理评估、罪犯教育改造质量评估方面的运用与研究对于中国罪犯改造理论的丰富与发展具有重要的意义。一是借鉴西方的循证矫正（evidence-based corrections）思想，开始把基于对样本进行实证与评估的结果用于改造实践中。西方近年来改造有效论的观点之所以能够在罪犯改造中开始产生有力影响，正是借鉴于改造无效论的研究范式——基于实证与评估，科学运用对方的分析方法得出了相反的结论。正是因为罪犯评估与循证矫正是现

---

① 罪犯改造评估在上海监狱系统已有监狱积极开展，并制定了《罪犯改造管理评估量表》等评估文件。

② 曾赟：《中国监狱罪犯教育改造质量评估研究》，载《中国法学》2013 年第 3 期。

代罪犯改造最为重要的特征，英、美、加等国在罪犯改造实践中自二十世纪九十年代开始大量运用该思想指导罪犯改造。在 1997 年，以 Doris Layton Mackenzie 教授为主的马里兰大学研究团队受美国国会委托，在对超过 500 多份的各类犯罪预防项目的研究基础之上向国会呈报了多达 600 多页的报告——《预防犯罪：何种有效，何种无效，何种有希望》。在此篇报告中，Doris Layton Mackenzie 教授明确提出监狱对罪犯的改造应当遵循循证改造的原则。① 受美国等国的循证改造理论与实践的影响，近年来我们国家理论与实务界开始高度关注循证改造，并且在司法部的倡导下在监狱改造实践中得以初步运用。对此问题的深入研究，将促进我们国家监狱罪犯改造研究的基本范式的转换。二是注重关于对未来之罪的预测。以前对罪犯改造方案的研究大都注重对静态的犯因性研究。但静态犯因性因素分析在英美等国二十世纪的七十年代就被认为存在较大的缺陷，“那些静态性因素主要表现为犯罪史以及样本的过去的行为表现，这都被视为不可变的风险性因素，这种缺陷就表现为无法阐明罪犯将来的改变”。② 上述对罪犯改造管理的评估及罪犯教育改造质量评估研究不但对静态性的犯因性因素进行了深入分析，而且把罪犯改造过程中出现的动态性因素归置到较为合理的地位，把静态性和动态性因素结合起来预测罪犯的再犯罪风险。当再犯罪风险评估与预测出现在中国的罪犯改造研究之中时，即标志着犯罪预防理论与罪犯改造理论达到了一定程度的融合，使得中国罪犯改造理论与发达国家的罪犯改造理论有一定程度的衔接。

但是，上述罪犯改造管理评估以及罪犯教育改造质量评估虽然

---

① Doris Layton MacKenzie, *Evidence - Based Corrections: Identifying What Works*, Crime & Delinquency, Vol. 46No (2000), pp. 458 ~462.

② James Bonta & D. A. Andrews, *Risk - Need - Responsivity Model for Offender Assessment and Rehabilitation*, Public Safety Canada Report (2007).

对罪犯改造活动具有一定的评价作用，但若以此作为监狱的罪犯改造是否有效并非科学，即对罪犯改造管理评估以及罪犯教育改造质量评估不能替代罪犯改造是否有效评估。其一，世界范围内监狱对罪犯的改造是否有效通常采取是否重新犯罪为评价标准。重新犯罪又被称为再犯罪（recidivism），它是衡量一个国家刑罚效益实现与否的重要指标，同时也是监狱改造罪犯是否成功的基础性指标。西方国家无论是改造有效论者还是改造无效论者在论证改造的效果的时候，采用的评价指标都是重新犯罪。[①] 因此，从此角度看，探究罪犯改造是否有效其基本性质就是分析监狱在刑罚执行过程中，在对罪犯实施一系列的改造方案后，罪犯重返社会后是否能够重新复归社会，不再重新犯罪。其二，罪犯改造是否有效与罪犯改造质量评估有着本质的区别。前述学者把罪犯改造质量评估等同于罪犯改造是否有效的理由之一就在于再犯风险评估是罪犯改造质量评估的内核，于是，罪犯改造是否有效的判断就是再犯罪风险评估的判断。再犯罪风险评估是现代罪犯改造最为重要的内容之一，其不仅意味着评估罪犯将来重新犯罪的风险水平，还包括鉴别罪犯生活中的哪些因素导致犯罪从而有助于减少将来犯罪行为发生的可能性。[②] 从此可以看出，再犯罪风险评估只是罪犯改造活动中的一个重要组成部分，根据风险—需要—响应的三原则，风险评估是为罪犯

---

① 比如，改造有效论者 S. Redondo 教授用元分析方法对涉及 5000 名罪犯参加的改造项目进行评估，发现参加过该项目的小组重新犯罪率下降 15%。此处该学者采取的是重新犯罪率。具体参见：S. Redondo & Sanchez – Meca, *What Works in Correctional Rehabilitation in Europe: A Meta – Analytic Review*, Advances in Psychology and Law: International Contributions, 1998。改造无效论者 Wilson 认为对待犯罪只有采取改造才能取得好的效果，但改造证明是失败的，因此改造活动在控制重新犯罪方面是失败的。此改造无效论者评估改造无效的依据仍然是重新犯罪。具体参见：Wilson, J. Q. *Thinking About Crime*. Random House（1975）, p. 223.

② Edward J. latessa & Shelley J. Listwan & Deborah Koetzle, *What Works（and Doesn't）in Reducing Recidivism*, Anderson publishing（2014）, p. 15.

在改造过程中提供的一个基本前提，其本身并非等同于罪犯改造。它是对罪犯未来犯罪可能性的预测，而罪犯改造效果评估则是以罪犯已然之罪为评估标准来对罪犯改造方案进行评估，以得出是否有效的结论。同样，罪犯改造管理评估也不能等同于罪犯改造是否有效的评估，罪犯改造管理评估是对监狱改造工作本身的一种评估，如前所述，它的评估标准与罪犯改造是否有效的评估标准完全不同。

为此，正是上述三者之间的根本区别，三者之间的评估标准完全不同。罪犯改造是否有效国际通行评价标准是重新犯罪率，而罪犯改造管理的评价标准则为罪犯服刑期间的表现，包括改造态度和违反监规纪律等方面，主要反映罪犯的改造状况，其本质上是对监狱改造工作自身优劣的评价。同样，罪犯改造质量评估按照司法部的相关文件，其基本内涵是指基于阶段性、动态性、常态性的评估，按照罪犯的服刑过程分为入监评估、中期评估和出监评估三种，所运用的评估工具主要包括相关的测试量表和罪犯个体矫正方案。评估中所使用的主要测试量表有：人身危险性检测表（RW）、心理认知行为综合量表（XRX）、重新犯罪预测简评表（CX）等。[①] 自司法部2005年罪犯教育改造质量评估开展试点工作以来，行刑实践中大致形成了湖南、天津、上海、北京等模式，这些模式评估的标准相差甚大。例如，湖南模式的评价标准为罪犯心理与行为风险评估，天津模式的评估标准则运用ISO9000国际论证标准对监狱管理工作进行质量论证，上海模式的评估标准则既包括罪犯的再犯罪风险评估也包括对监狱管理工作的质量评估。[②] 其

① 载http：//www.moj.gov.cn/moj/2007 - 03/09/content _ 554165.htm。访问日期：2015年12月14日。

② 张晶：《罪犯改造质量评估模式研究》，载《河南司法警官职业学院学报》2006年第6期。

实，湖南模式的评估标准本质上还是再犯罪风险评估，而天津模式则实质上为对改造工作的评估，上海模式则由两者标准的综合而成。但是评估罪犯改造是否有效的标准如上所述只能为重新犯罪率，只是各个国家关于重新犯罪率的认定标准因为评价主旨不同而不同。

（二）关于与改造效果相关的重新犯罪率的界定

评估重新犯罪的标准通常用重新犯罪率来表示，重新犯罪率是犯罪率的进一步区分，主要反映某个时期与区域的再次犯罪现状。但重新犯罪率的统计标准则并非完全统一，通常包括重新被立案率、重新被逮捕率、重新被定罪率、重新被判刑率、重新被监禁率等。重新立案率与重新逮捕率是以侦查（立案）机关年度立案数或逮捕数为基数，与其中两次及以上立案数和逮捕数计算的比率，此类型的重新犯罪率反映某区域的社会总体治安形势具有重要意义，但若以此作为监狱改造罪犯是否有效的标准显然有失精准，因为有相当一部分的罪犯因各种原因未被定罪，故重新立案率与重新逮捕率比其他类型的重新犯罪率都要高。我们国家重新定罪率则因为存在着定罪免刑的情形，故要低于重新判刑率，但世界范围内运用最广泛的还是重新定罪率。比如，从英国司法部官方网站上查找的资料来看，其对外公布的 2002 年到 2005 年再犯罪统计公告中明确了重新犯罪率的统计标准，即指 100 个罪犯中被法庭再次判决有罪的比率。[①] 重新判刑率是以年度判决数为基数，以法院对第二次犯罪进行有效判决的比率，包括重新犯罪判监禁刑率与重新犯罪判非监禁刑率。因为存在着定罪免除刑罚的情形，故重新定罪率与重新判

---

① *Re-offending of adults: new measures of re-offending* 2000 - 2005, Ministry of Justice Statistics Bulletin, Published 9 May 2008.

刑率存在着细微的差别。重新监禁率即为年度内第一次犯罪被判监禁刑后在服刑期间或出狱后再次犯罪被判处监禁刑之总数与当年狱内监禁罪犯总数的比率。

上述各个类型的重新犯罪率能够各自反映某方面重新犯罪的现状，但要准确反映监狱罪犯改造效果明显的当属重新判刑率。至于其他重新犯罪率，因为在重新立案、重新逮捕及重新判决等刑事司法过程中，存在着包括立案没有逮捕、逮捕没有起诉、起诉没有定罪、定罪免刑以及判处非监禁刑之情形，故不能完全准确反映监狱改造罪犯之效果。但是，基于样本数据收集的特殊性，本文把重新监禁率作为分析罪犯改造效果的评估标准。把重新监禁率作为分析罪犯改造是否有效的评价标准基于以下两点理由：一是样本收集的现实原因。从当前我国官方的司法统计来看，《中国法律年鉴》自1988年起就公布了人民法院每年发生法律效力的判决总人数、公安机关立案的总人数、检察机关批准逮捕的总人数，但没有公开过重新犯罪的各种类型的数据。为此，从笔者收集重新犯罪各类型的数据来看，重新被监禁的数据则相对较为容易，因为某个地区的重新被监禁率只需要对该地区的监狱系统某个时点的监狱中在押罪犯构成进行统计即可。二是重新监禁率能够反映某地区重新犯罪的基本现状。被判决监禁刑人口规模在我们国家整个的犯罪人口中历年来占据主要地位。如表1所示，对人民法院1996年及2003年到2007年的判决总人数情况进行统计表明，每年判监禁刑的比率通常维持在65%以上，判处非监禁刑（管制、缓刑）的比率仅占20%左右。而两次以上重新犯罪的情形，要么属于累犯的法定从重情节，要么属于具有前科的酌定从重情节，从经验上判断判处监禁刑的可能性更大。所以，这两个叠加因素大体能够证明重新监禁率与重新判刑率最为接近，即重新监禁率也能够准确反映监狱改造罪犯的效果。

表 1　我国法院判决监禁刑的比例（1996 年，2003 ~2007 年）

年份	所判总数	被判监禁刑总数	被判监禁刑百分比
1996	719348	614323	85. 4
2003	730335	516553	70. 7
2004	752241	509249	67. 7
2005	829238	546017	65. 8
2006	889042	563295	63. 4
2007	931739	581448	62. 4

数据来源：《中国法律统计年鉴》。

（三）关于重新监禁率的计算

如上所述，重新监禁率是指当年某地区两次及两次以上被判处监禁刑总数与当年该地区狱内判处监禁刑罪犯总数的百分比。但是，重新监禁率的计算方法根据需要研究的目的不同而不同。

一是关于重新监禁率的计算期间问题。根据美国刑事司法统计局及大部分州的统计报告，采通常采用三年的期间标准。例如，根据美国司法统计局在二十世纪九十年代公布的报告——《1986 ~1997 年重新入狱〈联邦监狱〉》，该报告对十年间统计的重新监禁率即采用了三年的期间统计标准。① 英国司法部在 2000 年以前一直采用释放后两年内重新犯罪作为重新犯罪率的司法统计标准，但自 2000 年以后，司法统计就一直采用一年内重新犯罪作为统计期间。司法部解释的理由是："为了更好地理解什么改造项目对减少重新犯罪有效，一年内是否犯罪对于评估罪犯改造是否有效更为合适。"②

① *Offenders Returning to Federal Prison*, 1986 - 1997, Department of Justice Office of Justice Programs, Published 2000.

② *Re-offending of Adults*: *New Measures of Re-offending* 2000 - 2005, Ministry of Justice Statistics Bulletin, Published 9 May 2008.

按照当前我国《刑法》第 65 条和第 66 条之规定，五年以内再犯有期徒刑之罪的是一般累犯，危害国家安全罪、恐怖活动犯罪及黑社会性质组织犯罪的犯罪分子在刑罚执行完毕或赦免后在任何时候再犯上述任何一类罪的构成特别累犯。一般累犯的计算期间为五年，但因为刑法对之进行了明确规定，所以累犯率通常作为衡量一个地区的重新犯罪严重程度的指标。我国有的学者把累犯率作为衡量监狱中罪犯改造效果的标准。然而，在评价罪犯改造效果时把累犯作为监禁率的评估依据并不科学，累犯本身只是作为从重处罚的一个情节而非衡量改造效果的标准，因为间隔五年或者更长期间再犯罪，到底是改造无效还是社会环境的影响无法得到确认。大部分国家的重新监禁率通常将三年以内是否犯罪作为统计期间的重要原因就是三年后重新犯罪到底系归因社会还是改造无效无法明确，也就无法制定与之相对的刑事政策。为此，本文采取的是期间为三年标准的重新监禁率，即罪犯出狱后三年内再次被监禁的情形，如此考虑便系出于考察罪犯改造效果之宗旨。

二是重新监禁率的计算方式。传统监禁率的计算方式是以监狱监禁总人数为基数，与二次以上重新犯罪的人数的比率来计算的，但是这种计算方式存在一定的缺陷。英国司法部统计局 2000 年以前统计的重新监禁率也是以二次以上重新犯罪人数来计算的，但有人认为一个罪犯的二次犯罪与三次或三次以上的重新犯罪的危害程度相比肯定存在着较大差别，只有把狱内重新犯罪的次数与监狱人口规模相比才能真正反映重新犯罪的严重程度。① 如表 2 所示，该监狱 2000 年每 100 名罪犯重新犯罪的频率为 89，而以重新犯罪人数比率来计算的 2000 年的实际重新犯罪率仅为 43.7%。2002 年后

① *Re-offending of Adults*: *New Measures of Re-offending* 2000 - 2005, Ministry of Justice Statistics Bulletin, Published 9 May 2008.

每100名罪犯重新犯罪的频率逐年下降，2005年重新犯罪频率下降到140.9，总体下降了11.4%，同年的实际重新监禁率只下降了4.9%。由此可以看出，以犯罪次数来计算的重新犯罪率更能说明重新犯罪的强弱程度。① 为此，本文也将采用以重新犯罪的次数来计算的重新犯罪率作为改造是否有效的评价标准。

表2 英国2000年～2005年重新犯罪频率与实际重新监禁率②

年份	狱内每100名罪犯中重新犯罪罪数频率		实际重新监禁率	
	比率（每100名罪犯）	与2000年比较	重新犯罪百分比	与2000年比较
2000	89.0	0.0%	43.7%	0.0%
2002	114.6	13.3%	45.9%	4.9%
2003	127.5	9.5%	45.8%	4.9%
2004	134.3	-3.2%	43.3%	-0.9%
2005	140.9	-11.4%	41.6%	-4.9%

三、重新犯罪率与再犯归因

罪犯改造到底是否有效，西方的有效论者和无效论者都采用了实证研究方法展开了针锋相对的论争。那么在我们国家，“罪犯改造是否有效”这个命题要得到有效论证同样也需要采用实证研究方法。因为把重新犯罪率作为罪犯改造是否有效的评价标准，所以我们可以进行问题的转换——犯罪不管是初犯抑或重新犯罪都是主体基于意志自由进行的个体选择。但从宏观归因的角

① 因为这种计算方式把一个罪犯重新犯一罪还是数罪的情形也考虑到了，重新犯一罪还是数罪的危害程度明显存在着差别，而传统的以重新犯罪人数来计算的比率存在着无法统计重新犯罪总体规模之缺陷。

② 具体参见：*Re-offending of Adults*：*New Measures of Re-offending* 2000 - 2005，Ministry of Justice Statistics Bulletin，Published 9 May 2008.

度看，基于这种意志自由对重新犯罪的选择，我们可以进一步发问，重新犯罪率的增减系与一般性社会因素高度相关，抑或与一般性改造因素高度相关？

若要证明这点，总体思路是如果能够证明在一定期间内犯因性因素导致重新犯罪率增减，而这些因素我们又可以区分为哪些是一般性社会因素，哪些是涉及监狱改造性因素。如果我们能够证明一般性社会因素是重新犯罪的诱因，而改造性因素与重新犯罪的相关性不大的话，那么就意味着中国监狱改造罪犯的效果存在疑问，即改造无效。如果能够证明狱外的社会性因素不是重新犯罪的诱因，而改造性因素与重新犯罪具有显著相关的话，那就意味着中国监狱改造罪犯的效果是值得肯定，即改造有效。

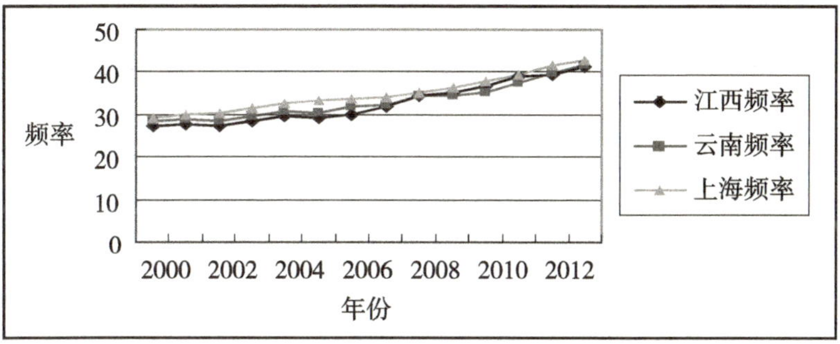

图1　2000～2013 年三地狱内在押犯重新犯罪频率

注：1. 数据来源为江西、云南、上海六所男犯监狱，各包括一所重刑监狱和中轻刑犯监狱。

2. 重新犯罪频率系指 100 名罪犯中两次及以上的犯罪个数的频率。

在本研究中，我们坚持两个具体径路。一是对中国的东部、中部、西部的六所监狱 2000 年～2013 年（图 1）10 年间的重新监禁率在时间与空间分布上进行比较，即以上海、江西、云南各两所监狱的 14 年间重新监禁率作为因变量，影响重新监禁率的因素作为自变量进行统计分析①。本研究为了使抽取的样本更具有代表性，采取了简单随机抽样中的分层抽样方法，即六所监狱的抽样样本既包括重刑期，又包括轻刑期，以便使样本具有较高代表性。② 对这六所监狱的重新监禁率与六所监狱所在地区可能影响重新监禁率的各项因素的指标进行横向的两项相关分析，初步得出影响重新监禁率的因素。二是在两项相关性分析的结果之后，还不能立即认定这些因素就是最终真正影响重新犯罪的因素，所以，我们在两项相关分析初步筛选出的因素基础之上，再对13年间的重新犯罪率进行多元回归分析。此多元回归分析是基于数据的纵向分析的结果，找出相关的影响重新监禁率的因素，最后在对横向与纵向的数据相互印证的基础之上，最终找出影响重新犯罪的因素。③

那么如何把最终筛选出的影响重新犯罪的因素与罪犯改造是否

① 相关说明：一是课题组向这六家单位调研收集相关数据，众所周知，我们隐去了这六家监狱的具体名称。二是因为期间连续收集的困难，当前我们只能收集到六所监狱13年间的重新监禁率。三是我们调研的这六家单位，东、中、西部每地区两所监狱其中一所为重刑犯监狱，另外一所为轻刑犯监狱。按照我们国家监狱行刑的实践标准，根据监管安全的需要，通常关押10年以上有期徒刑、无期徒刑及死刑缓期两年执行的为重刑犯监狱，而关押10年以下有期徒刑的为轻刑犯监狱。

② 分层抽样是指把总体分成更具有同质性的子群体或者层，然后进行简单随机抽样。我们在对罪犯再犯罪的原因分析之前，因为不知道重刑期罪犯与轻刑期罪犯的重新犯罪原因是否相同，而监狱在我们国家被分为重刑犯监狱和轻刑犯监狱，所以在重刑犯监狱与轻刑犯监狱各抽取一所作为抽取样本的子群体。这样的优点是：在更广的尺度上，同样的分群过程中可以应用到全国性的调查中，通过将某地选取为初始首要的抽样单位，然后调查每个被选中地区的简单随机样本。用此种方法调查者不需要覆盖每一个地区，而只需要调查被随机选取所包括的较少数量的地区。具体参见：[美] 杰克·莱文、詹姆斯·艾伦·福克斯著：《社会研究中的基础统计学》，王卫东译，中国人民大学出版社2008年版，第170页。

③ 白建军教授在分析犯罪与罪因时就运用了横纵的研究方法。白建军教授把若干连续年份全国犯罪率数据与全国各项经济数据之间的关系进行纵向相关与回归分析，另外又选取该时间段若干时点，分别对全国各地区的犯罪率与各项经济数据之间的关系进行横向的相关与回归分析。具体参见白建军：《从中国犯罪率数据看罪因、罪行与刑罚的关系》，载《中国社会科学》2012年第2期。

有效联系在一起呢？本文的设想是对这些最终筛选出的因素的性质进行认定，会产生四种情形：一是如果是涉及改造环境、改造方案及改造过程中的因素对重新犯罪具有显著影响，即可以肯定改造有效。二是如果筛选出的影响因素为涉及非改造性的因素，且不包括罪犯改造性因素，则可以肯定改造无效。三是如果非改造性因素及改造性因素都不会重新犯罪产生影响，那么就意味着重新犯罪系责任主体的纯粹意志自由选择的结果，不受任何外在因素的影响。四是如非改造性因素与改造性因素都会对重新犯罪产生影响，那么说明在一定条件下改造有效部分成立，但非改造性因素也不可忽略。

（一）影响重新犯罪率的诸因素

在简单相关性研究中，相关性关系的初步检验逻辑是，尽管相关性不一定成立犯罪学意义上的因果关系，但无相关性一定不存在着因果关系。[①] 基于经验法则出发，我们运用犯罪学与监狱行刑理论的相关知识列举了下列可能影响重新犯罪率的若干因素，以初步检测哪些改造性因素及非改造性因素与重新犯罪率具有相关性。

（1）城镇居民可支配性收入，即城镇居民从总收入中扣除缴纳给国家的各项税费，扣除缴纳各项社会保险（不包括商业保险）等余下的总收入，反映的是某地区城镇居民的平均收入水平。（2）农村居民纯收入，即农村住户当年从各个来源得到的总收入相应扣除所发生费用后的收入总和，反映的是某地区农村居民的平均收入水平。传统犯罪学理论对经济发展与犯罪的关系并没有形成共识，到底是贫困导致的犯罪还是因为经济发展水平越高犯罪率越高学界存

---

① 白建军：《从中国犯罪率数据看罪因、罪行与刑罚关系》，载《中国社会科学》2010年第2期。

在着争论。同样，重新犯罪与经济发展水平有没有因果关系，即经济发展水平与重新犯罪率是正相关抑或负相关，需要对上述两个指标进行同时观察。(3) 城镇登记失业率，即指在报告期末城镇登记失业人数占期末城镇从业人员总数与期末实有城镇登记失业人数之和的比重。(4) 城乡收入比，即指城镇居民的可支配性收入与农村居民纯收入的倍比数，系反映城乡收入差距最为直观的指标。犯罪率与失业率及城乡差距的关系在西方传统的犯罪原因论研究较多，如社会失范理论、社会反常理论及社会冲突理论都把其作为犯罪原因结构论中不可忽略的要素。张小虎教授在其社会分层理论中认为，在改革开放中的因为失业率的高企，城乡之间的差距日益拉大，而使利益群体分化而导致社会分层加剧，从而影响犯罪率。[①] 但是，重新犯罪率与失业率、城乡收入比是否存在着相关性当前我们国家还未有研究，本文将对其相关性进行观察。(5) 中学以上文化程度人口比率，即指学龄（国家统计局的标准为6岁及以上）以上的人口中，初中以上文化程度在整个学龄人口中的比率。该比率系反映人口素质状况的重要指标，传统犯罪学研究中有观点认为人口素质在犯因性中具有高度的相关性，经验法则也表明狱内人口的文化程度较狱外人口文化程度差距较大。但是，文化程度对于重新犯罪是否具有犯因性，则可以观察中学以上文化程度人口比率与重新犯罪率是否呈现显著相关。(6) 社会对具有前科刑释人员的接纳值，即指社会民众对曾经因犯罪判刑的人员的宽容度。它是反映社会对具有前科身份人员宽容的基本指标，可以划分为6个不同的宽容度，分别以接纳值赋值0至1，由低到高表示为社会对前科人员宽容度为非常不宽容、不宽容、不太宽容、较宽容、宽容

① 张小虎：《转型期犯罪率明显增长的社会分层探析》，载《社会学研究》2002年第1期。

和非常宽容。[①] 传统犯罪学的标签理论认为，罪犯之所以出狱后重新犯罪，重要的犯因性因素就包括具有监狱化人格的罪犯重返社会困难重重，被犯罪标签化的人员重新社会化的主要障碍就是社会民众对前科人员在社会生活方面不同程度的歧视。鉴于此，本文把此因素列入考察范畴，若接纳值存在着显著相关性，则能证明社会宽容度影响重新犯罪率。

上述六个因素从性质来看属于狱外的社会性因素暨非改造性因素，系反映经济社会发展水平的重要指标，至于改造性因素，我们认为至少应当包括以下各项：（1）监狱民警大专以上学历人口比率，即指监狱民警总量中具有大专以上学历的民警比例，是反映监狱民警队伍素质的基本指标之一。（2）警囚比，即监狱民警数量与罪犯数量的对比，系反映政府对监狱的罪犯改造的财政投入的主要指标之一。（3）监狱民警月平均个别教育谈话次数。按照司法部关于罪犯教育改造工作规定的要求，监狱民警每个月对每个罪犯个别教育谈话必须符合数量要求，该因素系反映监狱民警对罪犯教育改造的精力投入状况重要指标之一。（4）罪犯平均每周劳动时间。我国《监狱法》第 69 条和第 71 条对罪犯劳动进行了明确规定，规定有劳动能力的罪犯必须参加劳动，监狱根据罪犯的个人情况，合理组织劳动，使其矫正恶习，养成劳动习惯，学会生产技能。本文之所以把该因素纳入考察的范畴内，是因为虽然罪犯劳动系法定的义务，但在实践中监狱中的罪犯劳动变相成了一种实现惩罚与现实利益的特殊手段，而非法定的一种罪犯改

---

① 上述六项因素中前五项所有的数据来源于《中国统计年鉴》，第六项来源于课题组对东、中、西部对 2087 份调查问卷的样本数据统计。对于《社会对具有前科身份人员的接纳值调查问卷》，我们设计了六个不同的问题，每个问题赋予相同的分值，得分越低表示越不具有宽容度，社会对具有前科身份人员的接纳度的统计公式为问卷人数得分值与总分值的比。

造手段。[①] 所以在此我们可以观测到，若罪犯劳动时间与重新犯罪率呈显著负相关的话，那么可以证明过度的强化劳动对罪犯改造具有负面效果。(5) 罪犯每周平均参加“三课学习”时间，即每名罪犯每月参加文化、职技、政治等学习的课时。组织罪犯参加“三课学习”是司法部《监狱教育改造工作规定》中规定的内容，也是监狱对罪犯教育改造的基本手段，是衡量监狱教育工作质量的重要指标。若能证明“三课学习”时间和罪犯重新犯罪率显著相关，则可以证实教育改造的投入对罪犯改造能够产生积极效果。(6) 罪犯每周平均文娱时间，即每名罪犯每周享受体育运动、观看影视、书画比赛、棋类比赛等娱乐的时间。传统的监狱行为矫治理论认为应当激励和宽松罪犯的矫治环境。美国的 Mian 在高度警备监狱实施的行为矫治项目中，允许罪犯有大量的诸如休闲室活动、购买咖啡、观看电影等文娱活动，在连续对这些罪犯进行监控后显示，这些罪犯的行为表现趋好及不稳性减少。[②] 若能证明罪犯的文娱时间与重新犯罪率呈显著相关性，则也可证实有效地组织罪犯文化娱乐活动能够影响重新犯罪率。(7) 罪犯年参加心理矫治率，即一年中参加过心理咨询、心理矫正项目的罪犯在押犯总量中的比率。西方传统罪犯矫正心理学表明，心理矫治项目（psychotherapy programs）在降低重新犯罪方面效果较为明显。加拿大有学者的研究成果表明，采用元分析法对 76 名接受心理治疗的罪犯采取跟踪调查，试验组中接受心理治疗的 50 名罪犯从释放后的 18 个月的情况来看，重新犯罪率为 20%，而没有接受心理治疗的 26 名罪犯则重新犯罪率为 30%，且在释放后 30

---

① 鉴于此，司法部在部颁文件中明确规定监狱中罪犯劳动时间标准是一个星期为“五加一加一”，即一个星期劳动五天，一天学习，一天休息，每天劳动不超过八小时，但是在监狱工作实践中，每个地区的监狱落实情况差别较大。

② Clive R. Hollin, *The Essential Handbook of Offender Assessment and Treatment*, John Wiley Ltd (2004), pp. 56 ~ 57.

个月内两者重新犯罪情况基本没有变化。[1] 所以，本文检测罪犯参加心理矫治率与重新犯罪率之间有无显著相关性是考察改造活动是否能够影响重新犯罪率的一个重要因素。

（二）重新犯罪率与再犯性因素的二项相关（bivariate correlation）分析

如表3所示，对江西狱内押犯重新犯罪频率与上海狱内押犯重新犯罪频率T检验显示，两者均值存在 $p<.001$ 水平上（实际 p=.000）之显著性差异，江西狱内押犯重新犯罪频率T值为23.946，而上海狱内押犯重新犯罪频率T值为32.336，从此也可以看出两地区的重新犯罪率存在着统计显著性差异。此差异也是下文对重新犯罪率与可能影响重新犯罪诸因素间多元回归分析之前提。

表3 2000～2013年江西省、云南省、上海市三地狱内重新犯罪频率的独立样本检验

					差分的95%置信区间	
	T	DF	SIG.（双侧）	均值差值	下限	上限
江西狱内押犯重新犯罪频率	23.946	13	.000	34.8000	31.512	38.088
云南狱内押犯重新犯罪频率	23.249	13	.000	34.5600	31.023	38.217
上海狱内押犯重新犯罪频率	32.336	13	.000	36.7300	34.160	39.300

既然两地区重新犯罪率存在着显著性差异，那么究竟是何原因造成此种差异显然具有犯因性意义上探讨之必要。以上述可能影响重新犯罪率诸因素指标为自变量，以重新犯罪率为因变量做了三次二项相关分析，全部结果显示见表4。

① Fabiano. E. Robinson . D & Porporino, F, *A Preliminary Assessment of the Cognitive Skills Training Program: A Component of Living Skills Programming* , Correctional Service Canada, 1990.

表4　2000～2013年江西省、上海市、云南省三地重新犯罪率与诸因素二项相关分析结果

与重新犯罪率相关的因素	江西省	上海市	云南省
城镇居民可支配性收入	.887**	.891**	.784**
农村居民纯收入	.880**	.892**	.681**
城镇登记失业率	-.858**	-.684**	-.675**
城乡收入比	-.136	-.394	.259
15岁以上人口文盲率	-.589**	-.279	-.153
社会接纳值	-.763*	-.907**	-.817**
狱警大专及以上学历比例	.838**	.817**	.664*
警囚比	-.804**	-.346	-.293
罪犯每周参加三课学习课时	-.395*	.421	-.253
罪犯每周文娱时间	-.595*	-.475*	-.524*
罪犯个别教育谈话次数	-.541*	-.594*	-.405*
罪犯年参加心理矫治率	.328	-.395*	.220
罪犯周平均劳动时间	.128	.241	.109

说明： 1. 表格中数字为pearson相关系数，越接近1意味着两两正相关程度越高，越接-1意味着两两负相关程度越高。

2. **. 在.01水平（双侧）上显著相关，*. 在0.05水平（双侧）上显著相关。

3. 第四栏中两两相关分析“结果”中“+”意为显著正相关，“-”意为显著负相关，“….”意为无相关。

从表4可以看出，将东部、中部、西部三省13年间的统计数据运用二项相关分析后，三个地区的重新犯罪率与十三项诸因素指标之间存在一致性显著相关的共有七项。这七项为：（1）城镇居民可支配性收入；（2）农村居民纯收入；（3）城镇登记失业率；（4）社会接纳值；（5）狱警大专及以上学历比例；（6）罪犯每周文娱时间；（7）罪犯个别教育谈话次数。其中，城镇居民可支配性收入、农村居民纯收入、狱警大专及以上比例三因素与重新犯罪率呈正相关，即三因素数据高则重新犯罪率越高；相反，三因素数据低则重新犯罪率也低。城镇登记失业率、社会接纳值、罪犯每周文娱时间、罪犯个别教育谈话次数四因素与重新犯罪率呈负相关，即四因素数据越高则重新犯罪率越低，相反，四因素数据越低则重新犯罪率越高。

而另外五项，包括城乡收入比、15 岁以上人口文盲率、警囚比、每周参加三课学习课时、罪犯参加心理矫治率因为要么相关性的程度不同，要么相关性的方向不同，导致因无法达成一致性的显著相关性而被排除。（1）城乡收入比因为江西、上海与重新犯罪效率成反比，云南省则成正比，故无法在方向上取得一致性显著相关性。（2）江西省的人口文盲率与重新犯罪率呈显著性负相关，但上海和云南的数据相关性程度很低，也无法证明两者具有显著相关性；同样江西省的警囚比与重新犯罪率呈现显著负相关，但上海与云南的数据相关性程度很低，也无法证明两者具有显著相关性。（3）江西与云南省罪犯每周参加三课学习时间与重新犯罪率呈现负相关，且江西统计数据呈现显著负相关，但上海统计数据则呈现正相关，三地区相关性在相关程度和方向上都不一致，故也可排除两者之间显著相关性。（4）江西与云南罪犯年参加心理矫治率与重新犯罪率无显著相关性，而上海的统计数据则呈现显著负相关，故也可以排除两者之间显著相关性。

七项因素中，城镇居民可支配性收入、农村居民收入从经验上判断应当属于直线相关（linear correlation），经线性相关分析检验，三地区的统计数据相关程度很高，譬如江西两者之间的相关系数高达 991。所以在下文的多元分析中，这两个高度依赖的变量只需要使用一个即可。①

① 在二项相关分析被证实多个变量之间存在着高度线性相关，并且在性质上属于同质，则属于“多重共性”，即多个变量之间高度线性相关，白建军教授认为不必重复使用这些不相独立的多余变量。具体参见白建军：《从中国犯罪率数据看罪因、罪行与刑罚关系》，载《中国社会科学》2010 年第 2 期。

（三）重新犯罪率与再犯归因的多元回归分析

多元回归分析（multiple regression analysis）是二项相关的自然延伸，是在此基础之上的计算出回归方程的常数项和系数。[①] 本文之要旨在于探讨监狱的改造活动是否有效，暨转换成再犯罪因素与重新犯罪率的相关性考察。为此，我们在此以重新犯罪率为因变量，以前述经过两项相关分析的初步筛选出来的六项因素作为自变量，来分析此六项因素到底哪几项因素在何种程度上影响重新犯罪率。

表 5　狱内重新犯罪频率多元回归分析结果

三地区因变量	R 方	Beta（$p<0.05$）
上海狱内押犯重新犯罪频率	0.882	城镇居民可支配性收入（Beta = 1.241） 社会接纳值（Beta = 0.541） 狱警大专及以上比例（Beta = 0.341）
江西狱内押犯重新犯罪频率	0.873	城镇居民可支配性收入（Beta = 1.044） 社会接纳值（Beta = 0.687）
云南狱内押犯重新犯罪频率	0.749	城镇居民可支配性收入（Beta = 0.962） 社会接纳值（Beta = 0.476）

说明： 1. R 方指因变量被解释的方差比例，值越接近 1 说明回归模型对因变量的解释力越强。

2. Beta 是指标准回归系数，是一个变量解释对另一个变量的贡献。

3. $p<0.05$ 即 P 值小于 0.05 的变量，则意味着回归模型中系真正对重新犯罪频率有着显著影响的因素。

从表 5 中可以看出，上海的狱内重新犯罪频率经过多元回归分析后，删除了三个变量。

① ［加拿大］达伦·乔治·马德里：《心理学专业 SPSS14.0 步步通》（第 7 版），商佳音、胡月琴译，世界图书出版公司 2009 年版，第 218 页。

而另外三个变量即城镇居民可支配性收入、社会接纳值及狱警大专及以上比例则得到了检验，R 方显示有 88% 的方差可以由这三个变量得到解释。首先是城镇居民可支配性收入的影响力最大（Beta = 1.241），其次是社会接纳值（Beta = 0.541），最后是狱警大专及以上比例（Beta = 0.341）。江西狱内重新犯罪频率只有两个模型得到了检验，即删除了四个变量，只有城镇居民可支配性收入和社会接纳值满足进入标准，R 方显示两者有 87% 的方差可以由这两个变量得到解释。云南省狱内重新犯罪频率则删除了四个变量，城镇居民可支配性收入和社会接纳值得到了检验，满足了进入标准，R 方显示有 75% 的方差可以由这两变量得到解释。

对三个不同地区的三次多元回归分析后表明，原来经过两项相关分析的六项自变量中，经过三次筛选，只有城镇居民收入和社会接纳值在三次多元回归分析中都满足了进入模型的标准。城镇登记失业率、狱警大专及以上比例、罪犯每周文娱时间、罪犯个别教育谈话次数则因为无法满足进入标准而被删除。这就意味着城镇居民收入和社会接纳值在两种相关分析中始终显示出与狱内重新犯罪频率具有高度相关性。

（四）重新犯罪率的归因与改造是否有效的判断

上述分析结果表明社会经济越发达，社会对罪犯越不宽容，重新犯罪率就越高。白建军教授在分析犯罪与经济的关系时也通过多元回归分析得出结论——经济发展与犯罪率之间呈高度正相关关系。[①] 为此，本文与白建军教授的论文都得出相同结论，即重新犯

---

① 白建军：《从中国犯罪率数据看罪因、罪行与刑罚关系》，载《中国社会科学》2010 年第 2 期。

罪率与犯罪率的增长都与社会归因之经济发展高度相关，表明重新犯罪与犯罪的“犯因性”基本相同。从经验上判断，重新犯罪率作为犯罪率的一部分，两者的犯因性因素一定会存在着共性，即人之所以会犯罪，社会原因一定存在，但仅从经济发展来解释犯罪率与重新犯罪率的趋重显然无法从本质上解释其根本原因。[①] 我们撩开经济发展的面纱，可以从其背后发现真正的社会性因素。正是中国经济近几十年的高速发展，原先超稳定的社会结构发生了剧烈的变化，利益再分配过程中各个阶层内部分化导致利益冲突不断激化，二元城乡结构也不断面临冲击，物质与价值观念不断多向变迁，这些都为重新犯罪的滋生提供了肥沃的社会土壤。另外，社会接纳值成为重新犯罪率之社会归因，深刻反映了罪犯复归社会后重新社会化过程中，整个社会对罪犯宽容度显著影响着罪犯的行为选择。

经过两项相关分析与多元回归分析之后，原先我们考察的十三项因素仅检测到城镇居民可支配性收入（包括多重共性之农村居民纯收入）、社会接纳值与重新犯罪率存在着显著相关，而这两个因素都非改造性因素。既然两个因素都非改造性因素，而另外与改造相因素相关的十个因素都被排除，那么，从逻辑上判断我们可以得出结论，即当前中国的罪犯改造活动基本没有效果。但是，我们可以明确地肯定改造无效论吗？重新犯罪的“祸端”仅在于设施外（社会）吗？监狱的机能仅止于惩罚吗？

改造是监狱在人类文明艰难史的演变中嫁接而来的，一是作为监狱本质机能惩罚的负面后果的必要修正与主动补充，二是作为监

① 这在相关分析中需讨论第三方变量的存在。例如，在一个城市中教堂的数量与酒吧的数量呈高度正相关，但这不是说明教堂驱使人去酒吧喝酒，或者酗酒者更想去教堂，这其实是第三方变量的存在，即人口。

狱次生机能存在的，三是监狱行刑文明与行刑人道主义的必要内涵。[①] 可以说，正是改造在监狱中的广泛应用，监狱的现代化才正式登上行刑的历史舞台。但是，若本文经过的实证分析得出的结论是改造无效，我国的刑罚效益则无从谈起，也就意味着国家投入的巨大资源与重新犯罪率呈负相关。事实上可以得到印证的是，近年来我们国家的两极化刑事政策正偏向于“重重”而非“轻轻”，实质意义上的刑罚制度的趋重主要体现在死缓犯减刑限制、数罪并罚最高期限的延长、假释对象条件的限制等。[②]

另外，我们国家的警囚比越来越高，民警大专及以上学历比也越来越高，罪犯参加三课学习的时间也逐年提高，罪犯文化娱乐时间也在增加，而从经验上判断与改造性相关因素的积极改善却不能对重新犯罪率产生显著性的影响。但是，如果说在宏观上对改造因素的考察会得出改造无效的结论，那么从微观层面上我们还必须考察具体的改造活动对重新犯罪是否具有一定的效果，才真正能够作出肯定或者否定的回答。

四、以循证改造为基础的改造个案效果分析

在具体个案中要对改造是否有效作出判断，我们可以将西方的循证矫正方法运用到具体的罪犯改造中来。当代西方学者在对罪犯改造的理论研究及监狱实务部门在行刑实践中普通采用循证矫正（evidence-based corrections）的范式。他们使用那些已经被研究所证明了的，能够明显降低重新犯罪的矫正项目，并结合罪犯的实际情况，有效地对罪犯开展矫正活动。加拿大 Andrews 和 Dowden 教

---

① 刘崇亮：《本体与属性：监狱惩罚的新界定》，载《法律科学》2012 年第 6 期。

② 刘崇亮：《“重重”刑罚观对监狱行刑的效果——以刑法修正案（八）对刑罚结构的调整为分析视角》，载《法制与社会发展》2013 年第 6 期。

授在一个对374名罪犯的矫正实验项目中发现，不合适的矫正强度会浪费矫正资源，甚至研究表明对低风险罪犯提供高强度（intensive）的矫正可能增加罪犯的犯罪行为。如图2所示，对再犯风险低（low risk）的罪犯提供矫正的效果并不十分明显，减少重新犯罪总量不到3%；但是对于再犯高风险（higher risk）的罪犯提供矫正却能够导致重新犯罪的人数大量减少。①

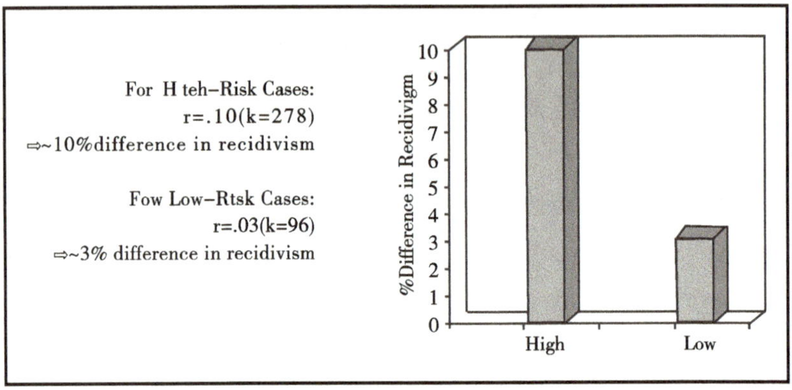

图2 基于风险评估原则的治疗效果图

借鉴西方学者对罪犯循证矫正的方案，我们对上海市提蓝桥监狱选取刑期还有两年即将出狱的168名暴力性罪犯作为样本，经过一年多的循证改造，从数据采集、样本分析、制订方案再到效果评估严格遵循循证改造基本原则，以期在个案的处理上考察改造是否有效。首先，我们对样本进行严格的数据采集，进行科学的风险性评估，包括运用《艾森克量表》《罪犯改造效果评估量表》《暴力犯风险等级评估量表》等评估工具系统，对罪犯的性格特质、悔罪态度、家庭关系、改造表现、暴力危险程度等影响罪犯再犯罪风险的重要影响因素逐个测量。其次，在收集168个样本数据后，对每

① James Bonta & D. A. Andrews, *Risk – Need – Responsivity Model for Offender Assessment and Rehabilitation*, Public Safety Canada report 2007, p. 10.

个罪犯的犯因性需求再进行评估，划分为再犯风险性高、再犯风险性一般及再犯风险低三类。再次，针对上述犯因性需求分析相对应的改造性需求，并针对每个罪犯的改造性需求制订相应的改造方案，从心理矫治、法律意识培养、日常改造、家属帮教、职业培训等方面进行综合改造。对改造需求性大的加大改造力度，对改造需求性小的扩大其改造自治权。最后，在为期一年多的改造方案结束后，再运用上述评估工具对168名罪犯进行评估，并在罪犯出狱三年后对这些罪犯进行跟踪回访，统计重新犯罪的情形。评估及统计结果如表6。

表6 168名暴力性罪犯循证改造项目描述性统计

因素		参加改造项目前		参加改造项目一年后	
		均值	N	均值	N
人格特质	掠夺型	65	48	59	40
	称霸型	60	60	52	54
	情绪型	52	40	44	46
	防御型	46	20	46	28
悔罪态度	很好	8.0	42	8.2	54
	一般	7.1	60	7.5	76
	很差	4.1	66	5.4	38
家庭关系	良好	8.3	52	8.3	58
	一般	6.9	62	7.2	76
	较差	3.4	54	5.6	34
改造表现	良好	8.7	34	9.2	38
	一般	7.0	72	7.2	79
	较差	4.8	62	6.1	51

续表

因素		参加改造项目前		参加改造项目一年后	
		均值	N	均值	N
暴力危险程度	高	8.3	23	6.0	14
	较高	7.5	31	5.8	22
	较低	4.0	57	3.9	58
	低	2.5	57	2.5	74
一年内重新犯罪	2	二年内重新犯罪	3	三年内重新犯罪	5

注：1. 人格特质使用的测量工具为《艾森克量表》。

2. 悔罪态度、家庭关系、改造表现测量工具为《罪犯改造效果评估量表》，三个评估项目赋值都为10。

3. 危险程度的测量工具为《暴力犯风险等级评估量表》，此表与《罪犯改造效果评估》有重合的地方，其不但包括动态的评估因素，还包括诸如年龄、刑期、犯罪性质等静态评估因素。

从为期一年的循证改造结果来看，基本印证了坚持“犯因性需求—改造性需求—改造方案实施”的循证改造原则的改造效果。如表6所示，经过科学的心理矫治后，改造需求量大的掠夺型性格的罪犯的均值降低了6分，并且数量上减少了8个。悔罪态度较好的罪犯改造强度小，效果不明显，但对悔罪态度较差的，施加高强度的改造方案后，均值从4.1增长到5.4。其他的三个因素也基本如此，即家庭关系较差、改造表现较差、暴力危险性程度高的罪犯施加高强度的改造方案后，其改造效果最为明显，而那些数据表明再犯风险较低的罪犯则改造效果并不明显。其实，从再犯风险干预与循证改造的基本原则出发，对于那些再犯风险较低的罪犯无须施加高强度的改造方案，否则可能适得其反。最终从考察参加循证改造方案的168名罪犯出狱后重新犯罪的情形来看，也验证了改造方案实施的科学性。三年内的重新犯罪比例仅为6%，比该监狱重新监禁率要低很多。从上述168个循证改造个案的结果来看，总体上改造效果不错，基本能得出改造有效的结论。

五、对两种结论考察的最终结论

从上述研究来看，宏观上考察重新犯罪率与再犯归因的关系我们得出“改造无效”的基本结论，而从168个的具体循证改造个案的改造效果来看，又得出“改造有效”的基本结论。从论证的过程来看我们严格遵循了相关的定量与实证的研究范式，但从两者的结论来看却完全相反，研究得出的结论产生了严重的冲突，两种结论似乎使得研究走进了死胡同。但我们认为，正是由于两个研究角度的不同得出不同的结论，才使得研究结果合乎情理。

其一，一个国家重新犯罪率的高低的确为衡量罪犯改造有效的唯一评价标准，但反过来却无法证明一个国家的重新犯罪率的高低完全取决于罪犯改造是否有效。我们前面分析得出结论，重新犯罪率的真正因素为经济发展水平和社会宽容度，关涉改造性的因素对重新犯罪率相关性程度并不高，这就意味着影响重新犯罪的因素为社会归因。但具体到任何一个社会内的重新犯罪的个体，都是社会环境下的产物，都是个体化的社会演变过程。正如德国学者乌尔里希·贝克教授所认为：“个体化不再是私人境况，而且总是制度性的，解放了的个体变得依赖于劳动市场，而且因为这样，它们依赖于教育、消费、福利的管理与支持、交通规划、消费供应及医学、心理学和教育学咨询和照料的种种可能性和风气。这都指向个体境况的依赖制度的控制结构。个体化成为依赖于市场、法律和教育的社会化的最先进模式。”① 同样，作为社会个体的重新犯罪人，即

① ［德］乌尔里希·贝克：《风险社会》，何博闻译，凤凰出版传媒集团、译林出版社2003年版，第160页。

便在狱内建立起不再犯罪的观念，一旦面对因不同经济发展水平及不同社会宽容度引起的各种社会性犯罪诱因，见诸主观的个体化的重新犯罪则难以避免。

其二，微观条件下的个案改造有效与宏观条件下重新犯罪率连续上升之间的矛盾并非悖论。重新犯罪是个体自由意志的选择结果，狱内的循证改造是对个体自由意志的干预，从历史与逻辑的角度出发都可以印证这种干预的有效性。只不过这种干预的有效性在时效上并非永久，正如某种流行疾病治愈后遇到病原体再次患病一样，我们不能否定前次治疗的有效性。然而，行刑实践中的罪犯改造饱受诟病，以致改造无效论大行其道。人们在忙于谈论改造是否有效的时候，却忘记了一个需要正本清源的事实，即“改造方法”（也就是西方矫正学上所讨论的矫正计划）本身是否科学和有效。[①] 美国学者约瑟夫·罗格斯把矫正计划（即我们国家所谓的改造方法）分为四种情形：第一类是对任何犯罪人都没有效果的矫正计划；第二类是只对一些犯罪人有效果的计划；第三类是对某类犯罪人具有特殊效果的矫正计划；第四类是有些罪犯根本不可能得到改造，即本不是矫正计划本身的问题。[②] 所以在具体个案的行刑实践中，改造方案本身的科学性是改造有效的根本前提。在改造实践中，正是大多数改造个案中因为没有制订科学的改造方案或改造方案本身不科学而导致改造效果不明显，使得行刑效益广受质疑。

其三，前面两点结论恰好证明了几百年前的李斯特的那句名言，即“最好的社会政策，也就是最好的刑事政策”。控制犯罪是一个极其复杂的综合体系，它既包括刑罚权运行机制的合理设置，使每个改造个案得以科学实施，从而使刑罚执行得以发挥最大的效

① 刘崇亮：《罪犯改造自治权论》，载《当代法学》2016 年第 3 期。

② G Larry, *Essentials of Corrections*, Wadsworth Publishing, 2004, p. 17.

益，还包括整个社会控制的过程。既然证明社会经济因素对重新犯罪具有显著相关性，那么，合理的社会政策过程必然具有控制重新犯罪的现实意义。

所以，综上所述，从微观的角度考察来看，监狱对罪犯的改造活动是有效的。只有证明这一点，我们对监狱改造活动的立法才有法理依据，也只有有了此法理依据，我们才能对各项改造的制度性需求进行合理建构。

第二节　监狱法修改的现实基础：从应时性修改到制度性需求

监狱法的制定与实施目标都必须围绕着刑罚效益的实现，这不但应当作为犯罪防控机制中的必要一环，还应当从制刑、求刑、量刑和行刑一体化上考虑整体的协调性。中国社会自改革开放后各种社会关系处在剧烈的转型中，刑法和刑事诉讼法这两大基本的刑事法律为了适应社会生活的变化，到目前为止进行了多次的大修小改，有力地推动了刑事领域的法治建设。但是监狱法较刑法和刑事诉讼法的修改相比，则整体落后于社会生活的变化，不但一如既往地保持“粗线条”式修改，对监狱行刑制度的变化也“置若罔闻”。为此，我们在正式探讨监狱法修改相关问题之前，有必要对监狱法修改所处的刑事法治的整体背景进行分析。

一、刑事法治背景下的依法治监

法治是相对于专制而言的，其基本精神在于防止国家公权力的滥用以及对公民权利的有力保障，其基本目的在于通过形式的定在法与具有民主、自由、平等、权利、正义、公平的理念相结合，使权力与权利、公民与官员都接受法律的统治，最终实现社会秩序的保障与公民自由的保护。法治作为一个动态的社会范畴，在现代社会条件下已经成为所有社会关系主体参加社会活动必须遵循的普遍原则。

如果说国家法治的理念是一个国家文明与进步的标志，那么刑事法治则是一个国家法治理念的核心组织部分。刑事法治的理想是通过一个完善的法律规则体系来实现的，刑事法律体系由刑法、刑事诉讼法以及监狱行刑法规所组成。刑事法系事关生杀予夺之国家基本法律，三大刑事法法典都应当明确规定法的基本原则。刑事法治的核心要义是成文法主义、罪与罚均衡、平等原则、程序正义等，其中一些原则甚至成为刑事法的共同原则。譬如我们国家的刑法与刑事诉讼法都对“法律面前人人平等原则”进行了明确的规定。《刑法》第4条明确规定，对任何人犯罪，在适用法律上一律平等，不允许任何人有超越法律的特权。《刑事诉讼法》第6条也明确规定，对于一切公民，在适用法律上一律平等，在法律面前，不允许有任何特权。

刑事法治有以下几个内核。一是理念性，法治本身是一种理念，但这种理念是通过一系列的规范与制度来进行落实的。二是刑事法治是价值理性与工具理性相结合的产物。韦伯将合理性分为两种，即价值（合）理性和工具（合）理性。价值理性相信的是一定行为的无条件的价值，强调的是动机的纯正和选择正确的手段去实现自己意欲达到的目的，而不管其结果如何。而工具理性是指行动只由追求功利的动机所驱使，行动借助理性达到自己需要的预期目的。[①] 刑事法治正是强调通过国家的刑罚权的人文主义关怀、正

① 张康之：《公共行政：超越工具理性》，载《浙江社会科学》2002年第4期。

义与公平、自由与秩序等理性来实现现实世界的法治，而在达到上述理性价值过程中，刑罚权本身所具有的强制、剥夺、惩罚、改造、负面评价等特性使得目的得以实现。三是刑事法治是实体正义与程序正义的综合体。季卫东教授认为在当下中国法制进程中，程序正义甚至为法治最重要的基石。现代社会的中心课题是优化机制的形成，而公正公理的法律程序正是改善选择的条件和效力的有力工具。程序一方面可以限制行政官吏的裁量权、维持法的稳定性和自我完结性，另一方面却容许选择的自由，使法律系统具有强大的可塑性和适应能力。[①] 国家在打击犯罪和惩治罪犯的过程中要顺利实现刑事法治，不但要强调实体正义基础之上的实体法治，对犯罪人依据刑法规范进行定罪处罚，还必须做到按照刑事程序法规范对犯罪人进行刑事诉讼。刑事实体法所确立的规则大体可以分为义务性规则和禁止性规则，而且还必须规定侵犯这两个规则的法律后果。而无论是义务性规则还是禁止性规则，抑或法律后果，它们都不可能仅仅通过自身而实现，必须依赖于程序法的实施。从此角度来看，刑事程序法既是保证实体法得到实施的工具和手段，也是确保各项刑事法规范准确适用到个案之中的中介和桥梁。[②]

在刑罚执行领域探讨刑事法治，仍然离不开刑事法治的基本内涵作为论证依托。中国由于二十世纪九十年代提出依法治国的理念后，“依法治国，建设社会主义法治国家”成为治国方略，并在1999年第九届全国人大第二次会议以宪法修正案的方式写入宪法。由此为开端，中国的法治事业开始了漫长而坚定不移地探索，法律治理扩展到社会生活的各个领域。一些重要的部门法陆续出台，同时一些明显不适应社会变革的部门法也得到了及时的修改。监狱法

---

① 季卫东：《法律程序的意义》，中国法制出版社2012年版，第17页。

② 陈瑞华：《刑事诉讼的中国模式》，法律出版社2008年版，第298～299页。

正是在此时的背景下出台，依法治监也同时被提出，并由此监狱行刑工作开始在法治的轨道上行进。在监狱法的颁布实施的二十多年间，中国监狱行刑在法治建设方面取得了诸多进步，但仍有较大的上升空间。

其一是行刑法治理念开始在监狱中被广泛接受，但经验性的劳动改造观念仍然普遍。

从“劳动改造条例”到“监狱法”，从“劳动改造机关”到“刑罚执行机关”，这不仅是称谓的改变，也意味着法治理念的树立。把罪犯劳动改造作为中国对罪犯的改造模式，笔者称之为改造刑。改造刑在长达六十多年的实践中证明，它具有现实与历史的理性，但却因为在知识社会条件下，改造刑的欠缺与时代的滞后性显而易见。一是改造刑在行刑实践中深受政治形态的影响，甚至在某些特殊阶段与政治改造相混淆，在政治改造已经成为过去的现代，其相关内容似乎仍然具有政治改造的影子，甚至在形式上的变革也存在着惰性。当代中国社会条件下的改造刑虽然在实践和政治改造中作了一定的切割，但在某种程度上，行刑理念与文化总是具有顽强的历史延续性，政治说教式的思路仍然大行其道。二是改造目标的定位虽然从“新人”被降为“合格的守法公民”，但在某种程度上仍然具有政治上的理想化。在西方大部分国家或我国台湾地区，通常把矫正目标定位于帮助罪犯适应社会生活为目的或使之顺利重返社会。而我国监狱法把改造目标定位“守法公民”仍然具有一定的政治理想化，使罪犯过上正常生活之需要是低限度的目标性层次要求，也符合改造的实际需要。① 三是改造刑是以权力形态输进的行刑模式，行刑经验化运作一直被视为改造的实践形态，而且这种实践性形态一旦和政治性权力相互勾结，那么法治化的运行机制在

① 刘崇亮：《本体与维度：监狱惩罚机能研究》，中国长安出版社2012年版，第85页。

设施内则有可能变得空洞。改造当然具有强制性，但如果改造和惩罚机制的界限模糊，则改造有可能会丧失生命力，改造的效益值得怀疑。四是改造刑的实现路径过于单一化。至少在现行监狱法出台之前，改造刑几乎等同于劳动改造制度，从劳改机关到劳改警察，再到劳改制度，这一方面使得本来属于改造一部分的劳动改造不仅在目的意义上成立，还在功能意义上成立，于是，劳动改造成了改造的全部内容，这种逻辑上的错误显而易见。另一方面在行刑实践中，作为三大改造手段之一的劳动改造虽然在监狱法中得以明确，但面临的实际问题是，因为众所周知的原因，教育改造成了务虚的摆设，并且劳动借着改造的外衣，侵蚀了包括职业技术教育的综合性改造地位，进一步降低了改造的效果。五是改造刑在法治化的道路上缺乏与时俱进的勇气。中国特有的政治形态和文化形态曾经造就了罪犯改造的辉煌，因为经验性的运作在传统社会形态中可能能够取得较好的效益，但原来的经验化操作在知识化条件下明显不能适应，法治化的改造缺乏必定造成权力的扩张，处于弱势一方的权利在经验化的操作面前可能无法得到制度化的保障，因为经验总是随着国家行刑政策的改变而改变。六是改造刑过于强调秩序。监狱秩序对于监狱运行机制的稳定具有重要意义，它是惩罚机能实现的重要保证，但对于改造机能的实现则可能成为一大阻碍性因素。监狱内的纪律处罚和社会上的其他设施机构因为机关性质的巨大差异决定了对违反纪律处罚的性质相异，监狱为了达到良好的秩序效果往往使纪律遵守变相得到执行，而且因为监狱是个绝对权力机构，纪律的推行往往依靠强大的警察权力来实施，这时如果纪律一旦成为惩罚的奴隶，那么秩序和人道的天平往往向秩序倾斜。①

而行刑法治化观念则不仅在形式上与劳动刑的观念相决裂，其

① 刘崇亮：《以知识为主的综合改造刑论》，载《河北法学》2013年第3期。

在内容上也有不同的旨趣。行刑法治化观念首先要求监狱所依据的刑罚执行活动必须遵循法律至上的原则，接受法律的统治。这就意味着监狱在刑罚执行过程中，必须抛弃经验式的政治改造模式，以法治的思维贯穿于各项活动中。特别是监狱惩罚机能在行刑实践中的发挥更应当强调行刑法治化之观念。监狱的惩罚较刑罚的量定更具有特殊性。在刑罚的量定过程之中，两大刑事法成为依法量刑和求刑的基准，一个是刑法另一个是刑事诉讼法。而监狱不仅应当依照这两部刑事法执行刑罚，还必须依照包括监狱法、监狱服刑人员行为规范、教育改造工作规定及其他关涉监狱制度的法律法规，其执行的法律体系远比两大刑事基本法要庞杂得多。加上罪犯权利的特殊性，使法治对惩罚具有内在限制机能。一是罪犯的权利与社会普通公民相比较，多少受到了剥夺或一定程度的限制，具有不完全性；二是因为第一点的不完全性，所以权利与义务关系和普通的权利义务关系相比，通常义务表现多于权利，具有不对称性；三是因为罪犯权利的实现比较普通民众的权利具有受制性，往往权利的实现要依赖于行刑机关的同意或批准，具有实现的障碍性；四是权利主体都曾对社会或他人的权利造成过严重危害，所以在社会民众观念中，他们的权利更容易受到侵犯，具有易害性等。正因为罪犯权利的不完全性、不对称性、障碍性和易害性等特点，决定了监狱在实现惩罚机能时应当依法行刑。①

其二是罪犯权利保障观念深入人心，但惩罚的非法约束机制仍然有待完善。

罪犯在我国改革开放前以阶级斗争为纲的时代一直被当作“阶级敌人”或“被专政的对象”来对待，罪犯在国家的政治生活中是完全意义上的客体或政治概念，更遑论罪犯权利的保障观念。当

① 刘崇亮：《本体与维度：监狱惩罚机能研究》，中国长安出版社2012年版，第85页。

然，无法谈及罪犯权利保障的法律观念，并不意味着教育、感化和挽救意义上的改造，但因为是专政的对象，为此这种意义上的改造也强调享受“革命的人道主义”待遇。但是这种基于改造人道主义所赋予罪犯的权益或待遇，从性质上看，永远属于一种“恩惠性或裁量性”的利益，不具备绝对性和法律性，其内容都取决于监狱系统的判断，监狱系统既可以赋予权益，也可以剥夺权益，而罪犯却并无请求权。因此，罪犯即因监狱当局基于改造的目的或人道主义而被赋予了一定的权益或待遇，也不意味着他们拥有了独立的法律地位。[①] 改革开放后，随着公民与权利的观念开始在国家政治生活中的被普及，关于对罪犯在国家政治、经济、文化和社会生活中的地位开始被谈及。罪犯是法律概念而非政治概念这一转变也开始得到广泛承认，罪犯作为国家与社会的公民这一正确认识不仅在法学研究中得以确立，在法学研究中罪犯权利及罪犯权利的保障也开始被深入研究。1994 年颁布实施的《监狱法》则在第 7 条中对罪犯的权利第一次进行了明确的规定。该条规定，罪犯的人格不受侮辱，其人身安全、合法财产和辩护、申诉、控告、检举以及其他未被依法剥夺或限制的权利不受侵犯。并且《监狱法》还规定了一些罪犯权利保障的条款，包括监狱民警侵犯罪犯权利的禁止行为，以及罪犯在监管改造、劳动改造和教育改造中一些基本权利。总的来说，监狱法颁布实施后，罪犯权利保障在我国监狱系统取得了巨大的成绩，当然，行刑实践中关于非法惩罚的约束机制仍然存在着进步的空间。

因为监狱惩罚权力的扩张属性使得作为弱势一方的权利容易被侵犯。在我们国家表现得尤为如此。具体表现为：（1）监狱所有运用的惩罚手段都具有强制性，这些手段包括硬件设施和软性制度所组

① 王云海：《监狱行刑的法理》，中国人民大学出版社 2010 年版，第 62 ~ 63 页。

成的一个复杂而有序的综合体，体现了赤裸裸的国家强制力。这些手段包括监督、监视、隔离、监禁、剥夺、限制、审批、命令、批评、禁闭、反省、处分、配给等，受刑的对象只能在上述手段的作用下表现出一定的服从，而且上述多种手段在法律中都有明确规定，如果受刑人以非常的手段来表示对上述各个明定的惩罚手段否定的话，便是对抗与违规，严重者将受到监狱管理方的处罚。(2) 罪犯在改造过程中，对纪律的遵守、命令的执行、指挥的听众都被视为服刑期间良好的表现，并被监狱机关认为是惩罚机能作用的结果。在“思想与灵魂被监禁化”的权力规训的背后，离不开惩罚作为权力属性的运行机制的扩张性，而且在这种机制中，被福柯称为“知识权力”的规训显得更具力量性。现代社会条件下的监狱惩罚，不再仅仅针对犯罪人身体施加物理性的痛苦，而是充分“知识权力”的无形控制，包括法律、道德、政策和伦理的输入。科技条件下的监管使得犯罪人虽然在物理空间可能比以前的时代要宽松得多，人均居住面积在某些发达国家或地区甚至要高于当地人的平均水平，但是从另外一种角度看，视频技术、影像技术、监听设备、金属探测器等在现代监狱的广泛运用，使得监狱对犯罪人的控制更具有扩张性，犯罪人的私人空间在实质上被进一步限制了。(3) 我国的监狱管理主要由监狱人民警察执行，他们在监狱管理中实际履行的刑事行政管理人的角色，形成了具有中国特色的监狱工作队伍，成为中国监狱事业的中坚力量。我国《监狱法》第5条明确规定，监狱人民警察依法管理监狱、执行刑罚、对罪犯进行教育改造，受法律保护。我国的监狱管理人员被列入人民警察序列，是由国家监狱发展的历史传统所决定的。新中国成立前的抗日政权和民主政权就是监狱军事化管理，在新中国成立后的监狱创建模式主要借鉴了苏联，把军警劳改制度移植到中国的改造事业初期，所以现在的监狱人民警察行刑机制有着历史的原因。然而，所有的监狱工作人员以警察的身份对犯罪人进行日常管理，包括惩罚与改造，从某种角度看，此种模式可能会和世界行刑专业化和技术化的潮流相悖，主要体现在警察权力的不易控制性。警察、法庭、监狱和军队被马克思主义经典作家认为是人民民主专政的工具，在阶级斗争理论中占有重要地位，成为马克思主义国家形态学说的重要内容之一，但是在行刑实践中，这些理论形态长期影响着人们的观念。建设社会主义法治国家前，理论界有学者把当时的中国界定为“警察国家”，意思是指警察的权力影响到国民社会生活的方方面面。所以，警察国家在转向法治国家的过程中，警察的权力应当最小限度地界入国民的社会生活中。监狱的警察体制对于惩罚机能的实现无疑是权力体制的最好保证，将所有的监狱工作人员纳入监狱警察体制中，因为监狱警察的权力则影响到监狱行刑及管理的各个方面。特别是从我国的监狱史的发展看，现代化监狱文明正在建设之中，监狱正处于文明模式和控制模式的综合模式发展阶段，监狱警察的整体文化和专业素质较西方偏低，如果监狱警察滥用警察的自由裁量权，也可能会突破惩罚权的合理底限。（4）中国的传统刑罚政治观念则表现得更为明显，“乱世用重典”一直是中国的古代政治家们固守的政治观念，这一政治观念在中国的刑罚政治中一直延缓至今，中国社会始于二十世纪八十年代的几次严打一直成为国家打击犯罪浪潮的重要手段。相对应的，监狱惩罚权的运行和对犯罪人的惩罚活动，在刑罚权的运行过程中，从某种意义上说是受政治或政策的影响最为深远的，它决定着监狱惩罚与改造活动的宏观走向和具体行刑制度的制定，并影响着具体的监狱制度的实施。司法权在政治中理应处于超然的地位，以便体现司法权的中立性和独立性，而监狱行刑权之一的惩罚权则在本质上属于行政权，所以与政治的关系更为紧密。当此种紧密的联系达到一定程度时，监狱的惩罚属性就容易表现为政治的附庸工具。“火山口”“爆炸桶”等警戒性的宣传用语一直是监狱人民警察被抽象化的政治宣传，“严厉打击”“严防死守”等一直是监狱在对待所谓的监管安全的政治口号，“专政意识”“刀把子”等通常是监狱在内部政治教育时的必用思想，监狱及其监狱人民警察在工作的过程中就是履行政治使命的过程。而当监狱惩罚权表现的政治属性明显时，极有可能造成监狱惩罚权的合法界限被突破，监狱的惩罚权在政策面前使得惩罚的政治观念表现得极不稳定性，监狱行刑活动在监狱惩罚权的政治属性表现明显时，会使得惩罚权的运行失去稳定性，具体表现为：一方面，在唯工具论的前提下，监狱众多的行刑决策总是面临着上级主管机关的干涉，监狱在行刑制度的某些自主权被轻易地剥夺。比如，减刑、假释政策的出台，是最容易被上级行政主管机关的决策所决定的，每个监狱的减刑与假释的人口规模是主管机关所分配的，然后形成全省的减刑和假释的总量控制在人民法院所规定的指导性规定之内。当不同监狱同样服刑期间表现相同的犯罪人在减刑和假释面前获得机会不是平等时，并且每个年份的减刑和假释的比例不同时，惩罚权的运用被指失去了稳定的运行。而监狱惩罚机制总是被这些政策所引导，最终导致惩罚权的扩张与失衡的表象。另一方面，监狱警察在观念中如果把对犯罪人的惩罚和改造作为一种特殊的政治权力时，那种传统思维下的行刑观念很难得到改正，犯罪人在监狱行刑法律关系中，“法律”已经被去掉了，变成了监狱行刑权力关系，在一些具体的政策的执行中，可能甚至会超越法律制度的规定。于是，犯罪人在“刀把子”的传统行刑思维面前，整体性变成了绝对的刑事法律关系的“绝对义务人”，成了社会与公民的“敌对人”，特别是对那些具有严重的社会危害性和严重违反伦理道德的犯罪人。而在工具主义的支配下，作为政治与立场坚定的监狱警察们，把“严防死守”“惩恶扬善”作为己身的政治任务，混淆和模糊了惩罚的本来法律属性，于是从某种程度上讲，惩罚成为真正的工具主义的产物了。①

在当下中国的行刑实践中，我们在取得巨大成绩的同时也应当深刻反思当前以惩罚为本位的行刑机制可能带来的负面效果。要真正贯彻行刑法治理念和罪犯权利保障机制，就必须在今后的《监狱法》的修改当中体现，至少以实在法的形式和善法的内容来进一步实现监狱行刑法治化。

二、《监狱法》修改的现实性制度需求

（一）监狱法的应时性修改

《监狱法》颁布以后，其他两大刑事法均经历了较大的修改。自 1997 年第八届全国人民代表大会第五次会议对 1979 年刑法修订以来，又有十个修正案对刑法进行修订。1979 年刑法典仅有 192 个条文，而 1997 年刑法增加 452 个条文，1979 年刑法仅有 129 个罪名，1997 年刑法修订后达到 412 个，经过十个刑法修正案后又增加到 468 个。1979 年刑事诉讼法也分别于 1996 年、2012 年进行了两次大的修改。

在上位法进行了大的修改后，监狱法因为存在着与刑法、刑事诉讼法严重冲突的情形，为此，2012 年监狱法不得已为与两部上位法的衔接进了一些修改。主要修改要点如下：

1. 关于对《监狱法》第 15 条第 2 款的修改。《监狱法》原第 15 条第 2 款规定罪犯在被交付执行刑罚前，剩余刑期在一年以下的，由看守所代为执行。但 2012 年《刑事诉讼法》第 253 条第 2

① 刘崇亮：《本体与维度：监狱惩罚机能研究》，中国长安出版社 2012 年版，第 184 ~ 189 页。

款对原条款修改为："对被判处……有期徒刑的罪犯……在被交付执行刑罚前，剩余刑期在三个月以下的，由看守所代为执行。对被判处拘役的罪犯，由公安机关执行。"为此，在此次的监狱法修改中，为了与刑事诉讼法衔接，《监狱法》第15条第2款修订为"罪犯在被交付执行刑罚前，剩余刑期在三个月以下的，由看守所代为执行"。这也就意味着被判处有期徒刑的罪犯剩余刑期在三个月以上的都应当被送往监狱执行。

2. 关于对《监狱法》第17条的修改。1996年《刑事诉讼法》对暂予监狱执行的规定为："对于被判处有期徒刑或者拘役的罪犯，有下列情形之一的，可以暂予监外执行：（一）有严重疾病需要保外就医的；（二）怀孕或者正在哺乳自己婴儿的妇女。对于适用保外就医可能有社会危险性的罪犯，或者自伤自残的罪犯，不得保外就医。对于罪犯确有严重疾病，必须保外就医的，由省级人民政府指定的医院开具证明文件，依照法律规定的程序审批。发现被保外就医的罪犯不符合保外就医条件的，或者严重违反有关保外就医的规定的，应当及时收监。对于被判处有期徒刑、拘役，生活不能自理，适用暂予监外执行不致危害社会的罪犯，可以暂予监外执行。对于暂予监外执行的罪犯，由居住地公安机关执行，执行机关应当对其严格管理监督，基层组织或者罪犯的原所在单位协助进行监督。"而2012年《刑事诉讼法》第254条对暂予监外执行进行了较大修改，具体内容为："对被判处有期徒刑或者拘役的罪犯，有下列情形之一的，可以暂予监外执行：（一）有严重疾病需要保外就医的；（二）怀孕或者正在哺乳自己婴儿的妇女；（三）生活不能自理，适用暂予监外执行不致危害社会的。对被判处无期徒刑的罪犯，有前款第二项规定情形的，可以暂予监外执行。对适用保外就医可能有社会危险性的罪犯，或者自伤自残的罪犯，不得保外就医。对罪犯确有严重疾病，必须保外就医的，由省级人民政府指定的医院诊断并开具证明文件。在交付执行前，暂予监外执行由交付执行的人民法院决定；在交付执行后，暂予监外执行由监狱或者看守所提出书面意见，报省级以上监狱管理机关或者设区的市一级以上公安机关批准。”从上述修改的内容来看，一是对暂予监外执行的刑期对象条件进行了修改，原条款规定的对象为有期徒刑和拘役，而2012年《刑事诉讼法》则修改为不但包括有期徒刑、拘役，还包括无期徒刑的对象。二是扩大了生理对象条件。原条款把生活不能自理的罪犯包括在“有严重疾病需要保外就医”之列或者交叉之情形，新法则明确把该情形与保外就医并列为暂予监外的第三种情形。三是进一步明确了暂予监外执行的决定机关，确立了罪犯交付执行前暂予监外执行由交付执行的人民法院决定，监狱或者看守所内的暂予监外执行由上级行政主管机关决定。四是修改了暂予监外执行的机关。原法条规定暂予监外执行的机关为公安机关，因为社区矫正制度的出台，2012年《刑事诉讼法》第285条规定对被暂予监外执行的罪犯依法实行社区矫正，由社区矫正机构负责执行，为了与此条的协调，新法第254条则删除了公安机关为暂予监外执行机关的规定。

监狱法为了与上述刑事诉讼法修改相衔接，对第17条作了相应的修改。一是把交付执行前的暂予监外执行交由人民法院决定的情形删除。这种修改是合理的，因为此种情形的暂予监外执行与监狱及其主管部门并无任何关系，在此规定有越权之嫌。二是对暂予监外执行的对象及其实质条件进行了模糊化处理，只是规定“经检查，对于具有暂予监外执行情形的，监狱可以提出书面意见，报省级以上监狱管理机关批准”，而具体操作还必须依据《刑事诉讼法》第254条之规定进行操作。三是为了与刑事诉讼法对暂予监外执行的罪犯进行社区矫正的规定相衔接，并且《监狱法》第27条也明确规定了暂予监外执行的主体，因此在该条中直接删除了暂予监外执行的主体规定，避免了重复规定之嫌。

3. 关于对《监狱法》第27条修改。1994年《监狱法》第27条规定暂予监外执行的罪犯，由居住地公安机关执行，原关押监狱应当及时将罪犯在监内改造情况通报负责执行的公安机关。但是修订后的新《刑事诉讼法》第258条规定，对被判处管制、宣告缓刑、假释或者暂予监外执行的罪犯，依法实行社区矫正，由社区矫正机构负责执行。因此，旧法第27条为了与新刑事诉讼法相衔接，直接把居住地公安机关执行修订为社区矫正机构执行。

4. 关于对《监狱法》第28条修改。1994年《监狱法》第28条规定的暂予监外执行情形消失后，刑期未满的，负责执行的公安机关应当及时通知监狱收监；刑期届满的，由原关押监狱办理释放手续。罪犯在暂予监外执行期间死亡的，公安机关应当及时通知原关押监狱。此条修订系因新的刑事诉讼法对暂予监外执行的执行机关进行了修改而引起的衔接性修改。

另外，该条前半部分的修改对新刑事诉讼法的修订也进行了更加明确的表述。旧《刑事诉讼法》第216条只是笼统地规定暂予监外执行的情形消失后，罪犯刑期未满的，应当及时收监。而新的《刑事诉讼法》第257条则对解除暂予监外执行的三种情形进行了详细规定："对暂予监外执行的罪犯，有下列情形之一的，应当及时收监：（一）发现不符合暂予监外执行条件的；（二）严重违反有关暂予监外执行监督管理规定的；（三）暂予监外执行的情形消失后，罪犯刑期未满的。"而新法第28条前半部分则直接规定暂予监外执行的罪犯具有刑事诉讼法规定的应当收监的情形的，社区矫正机构应当及时通知监狱收监。新法的修改显然更为科学。

5. 关于对《监狱法》第33条之修改。1994年《监狱法》第33条第2款对假释的执行进行了规定。

被假释的罪犯由公安机关予以监督。被假释的罪犯，在假释期间有违反法律、行政法规和国务院公安部门有关假释的监督管理规定的行为，尚未构成新的犯罪的，公安机关可以向人民法院提出撤销假释的建议，人民法院应当自收到撤销假释建议书之日起一个月内予以审核裁定。人民法院裁定撤销假释的，由公安机关将罪犯送交监狱收监。但2012年刑事诉讼法规定假释的执行主体为社区矫正机关，因此为了与刑事诉讼法衔接，把执行机关修订为社区矫正机关。

6. 关于对《监狱法》第34条之修改。1994年《监狱法》第34条规定了人民检察院对减刑和假释裁定不当的处理。人民检察院认为人民法院减刑、假释的裁定不当，应当在刑事诉讼法规定的期间内提出抗诉，对于人民检察院抗诉的案件，人民法院应当重新审理。新法则修订为人民检察院认为人民法院减刑、假释的裁定不当，应当依照刑事诉讼法规定的期间向人民法院提出书面纠正意见。对于人民检察院提出书面纠正意见的案件，人民法院应当重新审理。应当说此条的修改是对1994年《监狱法》第34条错误的必要修正。无论是1996年《刑事诉讼法》第222条还是2012年《刑事诉讼法》第263条，都是规定人民检察院认为人民法院减刑、假释的裁定不当，应当向人民法院提出书面纠正意见，而1994年监狱法第34条向人民法院提出抗诉。根据《刑事诉讼法》第181条和第217条之规定，抗诉是针对一审未生效裁判的抗诉和生效裁判的抗诉两种，人民检察院对监狱呈报的减刑和假释的案件系同级检察监督，并非抗诉之情形，而刑事诉讼法规定的人民检察院向人民法院提出书面纠正意见系正确的。所以，该条的修订背后的原因仍然是刑事诉讼法的协调与衔接。

7. 关于对《监狱法》第60条之修改。1894年《监狱法》第60条规定了监狱对狱内犯罪案件侦查结束后的处理程序。对罪犯在监狱内犯罪的案件，由监狱进行侦查。侦查终结后，写出起诉意见书或者免予起诉意见书，连同案卷材料、证据一并移送人民检察院。2012 年《监狱法》第 60 条则删除了免予起诉意见书的内容。此条修改也是对旧法条的错误给予纠正，以及与修订后的刑事诉讼法的衔接。

从上述修改的情况来看，此次 2012 年监狱法的修改呈现两个特征：一是修改的应时性。这主要是因为监狱法上游的两大基本法律进行了较大修改，而颁布实施于两大上游基本法律之前的监狱法，在这两部法律中一些关涉到监狱刑罚执行的条款修改后，与之相冲突的条款必定要进行相应的修改。二是修改的简易性。正因为修改的应时性，仅为了应付法条的冲突性，为此，自 1994 年的监狱法颁布以来的唯一一次的监狱法修改显然具有修改的简易性。问题是——我们颁布实施于二十世纪九十年代的监狱法太过完善，对监狱的刑罚执行工作能够一直进行规制？抑或是监狱法本身的条款在行刑实践工作可操作性不强，粗疏简陋，本身依靠经验性则可？这些问题后文将详细解释。三是修改的科学性。此次修改体现了立法语言表述的科学性。如对《监狱法》第 17 条的修改就是如此。因为刑事诉讼法是刑罚执行的上游法，涉及不少诸如关于刑罚执行程序的规定，而监狱法的具体规定基本是把刑事诉讼法的条款内容重复规定，这不但有画蛇添足之嫌，还把属于刑事诉讼的内容勉强纳入监狱法之中。而《监狱法》修改后的第 17 条就明确把旧法规定的暂予监法执行的两种情形删除，只是明确了“具有暂予监法执行情形的”，并规定“符合刑事诉讼法规定的监外执行条件的，可以暂予监外执行”。

（二）监狱法修改的制度性需求

按照成文法主义的稳定性原则，法律不能朝令夕改，但也不能永远变动不居，毕竟社会生活总是处于变化之中。一个法律制度，如果跟不上时代的需要或要求，而且死死抱住上个时代的只具有短暂意义的观念不放，那么显然是不可取的。在一个变幻不定的世界中，如果把法律仅仅视为一种永恒的工具，那么它就不可能有效地发挥作用。我们必须在运动与静止、保守与创新、僵化与变化无常这些彼此矛盾的力量之间谋求某种和谐。作为使松散的社会结构紧紧凝聚在一起的粘合物，法律必须巧妙地将过去与现在勾连起来，同时又不忽视未来的迫切要求。法律中的许多变化都是缓慢而又渐进发生的。法律秩序中受到影响的部分会在某种程序上发生变化，但其原有结构的大部分则仍然保持不变。大多数法律改革都具有整体的或不完全的性质，而这恰恰解释了下述事实，即稳定与变化在法律生活中趋向于互相联结和互相渗透。①

同样，监狱法的修改与监狱刑罚执行制度的改革之间的关系，也应当遵循上述法律的稳定性与变化性之间的联系规律，监狱法既要回应近年来监狱刑罚执行制度发展与变化的情况，又要在总体上保持监狱法的框架与结构，发挥监狱法的指导性作用。在依法治监的大背景下，我国始于 2003 年的监狱体制改革取得了较大成功，监狱惩罚与改造罪犯的本来功能得到了广泛承认，罪犯劳动改造仅为监狱对罪犯执行刑罚的一项基本改造手段，罪犯改造的技术性手段进一步拓展，各项监管改造、狱政管理、教育改造及其他的监狱制度得到了规范化的发展。

监狱法修改的制度性需求至少表现为以下几方面：

一是监狱刑事政策的制度化与法治化需求。监狱刑事政策是中国刑事政策的一个特殊的子系统：在国家的基本刑事政策规制下，于监狱自由刑执行的过程中包括监狱管理、罪犯矫正和犯罪预防等

① ［美］E. 博登海默著：《法理学——法律哲学与法律方法》，邓正来译，中国政法大学出版社 2004 年版，第 340 页。

方针、策略和准则的总和。监狱刑事政策是国家刑事政策的重要组成部分，是保障国家刑罚权最终得以恰当落实的重要环节和实现国家刑罚观及刑罚目的的重要手段。西方推动刑事政策成为抗制犯罪的手段其实正是从监狱这一器物始发而萌芽胎动的，监狱的改良运动和思想最终引起人们对刑法以外的规制即刑事政策的理性深入。被誉为“监狱改良之父”的霍华德于1777年在他的著作《监狱事情》一书中描述了监狱中罪犯的悲惨生活实态，提倡人道合理的罪犯处遇，他倡导的监狱改良运动迅速涉及西方的其他国家，而对罪犯以人道主义和合理主义为要点的启蒙期的刑事政策运用迅速推广。世界范围内监狱的刑罚执行首先面临着报应刑主义和教育刑主义这两大行刑目标的选择，行刑目标的确定直接影响着行刑模式的选择。直到现在学者们对刑罚目的观仍是争论不休，两派仍是谁也说服不了对方。但笔者认为我国现行的《监狱法》第1条就明确地说明了我们国家监狱行刑的目标，首先在刑事政策的层面上以法律明文规定了我们国家是以“惩罚和改造罪犯，预防和减少犯罪”为行刑目标。应该说所有的监狱行刑制度和实践工作都围绕着一监狱的基本刑事政策展开。进入新世纪后，在2003年召开的全国监狱工作会议上，司法部首次系统地提出了推进监狱工作的法治化、科学化和社会化的整体要求，这被认为是标志着中国监狱工作由封闭走向开放、由神秘走向透明、由狭义改造走向广义改造，是新时期监狱工作的新发展和新突破，具有重大的历史意义和现实意义。2006年召开的十六届六中全会上通过的《关于构建社会主义和谐社会若干重大问题的决定》中明确了“宽严相济”为我国当前的基本刑事政策，这一当下的基本刑事政策当然对监狱刑事政策产生重大影响。考察上述的三个指导监狱行刑工作的刑事政策，“惩罚和改造罪犯，预防和减少犯罪”的监狱基本刑事政策和“三化”总体工作要求与“宽严相济”的基本刑事政策三者之间的关系应该是统一和谐的。监狱惩罚罪犯是监狱作为刑罚执行机关的必然定位，也是源于国家报应主义立场对犯罪现象的理性反动，这是刑事法治的必然要求，而这也是“严”实际体现在监狱行刑工作的各个方面；改造罪犯必须要求坚持依靠科学化和社会化的手段，在理念、制度两个层面上现实考虑，而这一目标又和“宽”的基本刑事政策是相关的。但惩罚和改造与宽和严又不是完全独立的，惩罚的机制运行中也要体现相济的思想，即宽严有度，该严必严，该宽必宽，做到区别对待；改造的模式中也要充分运用宽严的对策来教育和矫治罪犯，而两者的最终落脚点都是预防和减少犯罪。[①]

但是在行刑实践中，由于监狱法只有区区 78 条，有些条款严重缺乏行刑实践中的可操作性，加上长期以来监狱行刑工作依靠经验来指导的惯性思维，使得各项政策实际成为监狱工作的制度基石，甚至与监狱法成为单向性运行，监狱法的具体规则便被严重搁置。支配监狱具体运用的政策明显不限于以上刑事政策的内容。一些诸如监狱生产和经济政策在相当长的时期内，被看成监狱刑罚执行的基本政策。监管安全在监狱行刑中占据相当重要的位置，被视作监狱工作的“生命线”。但在行刑实践中，正是因为此监管安全的指导性政策，大量旨在落实监狱监管安全工作的具体做法违背了初衷，甚至违背监狱法的相关条款，与罪犯改造、罪犯权利保障的相关法律规定相悖。例如，笔者原来工作的监狱系统，制定了非常严格的监狱隔控区管理制度，制定该制度是为了防止罪犯违反监规监纪，以便维持良好的监狱秩序。但太过严厉的隔控管理制度，使得罪犯的活动空间受到严格的限制，一些体育及娱乐性活动也受到剥夺，这似有违背《监狱法》第 67 条之嫌。

---

① 刘崇亮：《现代监狱刑事政策与监狱行刑秩序的建构》，载《中国监狱学刊》2009 年第 4 期。

行刑实践中，指导监狱当前的具体政策通常处于调整与变化之中，人们喜欢把那些政策归纳为易读的内容，如“三分工作”“双轨运行”“现代化文明监狱建设”“首要标准”，等等。由于这些政策与监狱的刑罚执行直接有关，并以政策或命令的形式下达，监狱便更习惯于服从政策调节，而忽略法律的到位。① 为此，在未来的监狱法修改中，应当遵循监狱刑事政策法治化和制度化的基本原则，一方面把体现监狱行刑法治化、科学化和社会化的监狱制度写入监狱法，另一方面在监狱制度的构建中，既要体现严格管理，又要体现人道主义与权利保障。

二是中国当代监狱行刑制度改革的要求。自二十世纪中期监狱法颁布实施以来，我们国家的监狱行刑开始了艰难的改革历程，在二十五年的改革过程中，监狱行刑改革取得了巨大的成就。(1) 首先是监狱体制改革方面。2004 年，国家将监狱体制改革列入司法体制和工作机制改革的重要内容，确立了“全额保障、监企分开、收支分开、规范运行”的改革目标。2003 年至 2004 年，先后在黑龙江等 14 个省（区、市）开展监狱体制改革试点；2008 年，在全国全面实行监狱体制改革。司法部成立了监狱体制改革领导小组，加强指导和督促检查。各省（区、市）政府成立了由党委、政府分管领导同志任组长的领导小组，制订改革方案和实施意见，落实改革配套资金，出台有关政策，协调解决问题。监企分开基本实现。建立了监狱党委统一领导下的监管改造和生产经营两套管理体系，明确了监狱企业为改造罪犯服务的性质，建立了监狱和监狱企业协调运行机制。收支分开基本实现。建立了监狱执法经费支出和监狱企业生产收入分开运行机制，实现了监狱和监狱企业财务分账核算和管理。②

---

① 王利荣：《行刑法律机能研究》，法律出版社 2001 年版，279 页。

② 载 http://www.npc.gov.cn/huiyi/cwh/1126/2012-04/27/content_1719917.htm. 访问日期：2016 年 7 月 4 日。

(2）关于监狱布局调整方面。自进入新世纪以来，国家多次对监狱布局调整工作作出了部署。2007 年司法部、国家发改委及财政部等部门制定了《关于进一步推进监狱布局调整工作的意见》，提出“布局合理、规模适度、分类科学、功能完善、投资结构合理、管理信息化”的总体要求和主要政策措施。司法部积极推进高度戒备监区，制定了《全国高度戒备监狱（监区)》规划。通过全国监狱系统的改、扩、建，监狱监管设施和水平不断得到提高和完善。功能监狱和监狱分类得到一定程度的发展，为最终监狱科学分类和设置奠定了坚实的基础。(3）关于教育改造制度的完善。一是健全教育改造制度。司法部通过出台了《教育改造罪犯纲要》等文件，明确规定教育改造的目标任务和主要内容，建立了工作体系和质量评估体系。二是积极创新教育改造模式和方式方法。全面推行“5 +1 +1”（五天劳动教育、一天课堂教育、一天休息）教育改造模式，大力加强对罪犯的思想、法制、文化、管理、劳动教育，广泛开展心理咨询、心理矫治和个别化教育。深入推进监狱（监区）文化建设，大力开展社会帮教，罪犯教育改造质量不断提高。三是大力开展罪犯职业技能培训。建立完善劳动培训制度，提高罪犯适应社会能力。(4）关于监狱规范性制度或文件的制定方面。司法部和有关部门制定了执法、管理、教育等方面的规章和规范性文件 70 多件，各省（区、市）制定规章和规范性文件 250 多件，基本形成了与监狱法相配套的规章制度体系。①

可以说，监狱法的修改对于制度改革成果而言迫切需要对成熟稳定的经验以法的形式制定下来。我们知道，上述监狱改革取得的诸多成果是在中国监狱上层系统顶层设计指导下完成的，仍然系以

① 具体参见司法部部长在第十一届全国人大常委会第二十六次会议上所作《关于监狱法实施和监狱工作情况的报告》。

政策主导为主的改革模式。从改革的内容来看，这些在行刑实践中取得的监狱改革成果，有的系监狱体制性方面的改革，有的系监狱制度包括监管制度、教育和劳动改造制度方面的改革，有的系民警队伍规范化建设的改革，有的系罪犯权利保障方面的改革。笔者认为，凡是涉及监狱行刑制度方面的改革，已经实践中证明实施效果良好的，可以考虑在以后的监狱法的修改中写入监狱法中。特别是那些在司法部颁布实施的规范文件中的监狱刑罚执行制度，譬如近年来司法部颁布实施的《监狱教育改造工作规定》《教育罪犯纲要》《关于计分考核罪犯的规定》《关于加强监狱安全管理工作的若干规定》《监狱服刑人员行为规范》《关于在监狱系统推行狱务公开的实施意见》《罪犯离监探亲和特许离监规定》《关于罪犯劳动工时的规定》《最高人民检察院 民政部 司法部监狱罪犯死亡处理规定》等行政法规或规范性法律文件中规定的各项刑罚执行制度，都可以纳入监狱法法典中。从程序论的角度看，监狱行刑是刑事司法程序中的最后一个环节，对监狱行刑强调法治主义的观念就是要求对监狱具体的制度、纪律及措施有严格的程序。而这些事关监狱惩罚与改造的规定只有统一在规范化的法典中才能真正实现依法治监，分散式的立法不利于执法对象对其的理解和遵守。上述法规基本都系涉及监狱刑罚执行的内容，把这些分散式的法规及时纳入统一的监狱法典之中，是监狱行刑法治化的必然要求，也是监狱法制统一的必然要求。

第二章　监狱法修改理念遵循及模式选择

监狱行刑作为刑罚权运行机制的最后一道工序，承载着上游刑事立法、刑事司法运行过程结束后的所有压力，是把罪犯由一个坏人变成一个好人，实现刑罚效益的最后环节。因此，各个国家都十分重视监狱法的立法。但是各个国家因为历史传统、监狱制度等差异较大，对于监狱立法及修改的理念、模式差异很大。歌德说过，"在法和政府提出的任务中，维护和平和秩序、镇压暴力和犯法，首当其冲，我宁愿犯下某种不公正，也不原意忍受混杂无序"。这句话与法学史的见证是完全一致的。刑罚作为法制的制裁，其发展与这项任务是密切相联系的。① 作为法的一种类型，监狱法是与和平、秩序联系在一起的，没有任何法律能够超过这个法目的的最低限度。即使恶法作为法的一个种类也要考虑到和平与秩序，否则规则的制定就没有任何的现实意义。"法的第二个目的是安全。法所提供的安全是建立在法的不可破坏之上的。法所规定的东西，应该摆脱随心所欲；立法者也好，法所要求约束的对象也好，都不得违反它。它应该是持久的，人们能够信赖它。因此，人们能够预计有一个固定的、不会改变的范围。人们能够在这个范围内安排自己的事情，他能够在这种制度的保护下建设自己的生活。"② 和平与安全在科殷眼里成了法所代表的所有宗旨和目的，这是法目的处于社会

① ［德］科殷：《法哲学》，林荣远译，华夏出版社2002版，第118页。
② ［德］科殷：《法哲学》，林荣远译，华夏出版社2002版，第120页。

状态下法的运行机制必须达到的目标。于是法的目的决定了立法的原则，立法的原则体现了立法的目的，两者是一体两面的。各个法的部门因为具有特殊运行法律关系，也即在自己法的调整对象中，各个法的部门应当也有自己法的理念和原则。① 同样，监狱法的修改也应当体现一定的修法理念以及适合本国特色的立法模式选择。

第一节　监狱法修改应当遵循的理念

法律的修改是法典本身对社会生活适应的主动修正和必要补充，结构严谨、体系完善、内容齐备是监狱行刑法治化、科学化和社会化的基础。法律的建构是以理性为指导原则的，理性的立法当然也不能拒绝经验的益处。监狱法是一门实践中操作性非常强的法律，刑罚执行的具体制度的运用都以法律的规定为准绳，在监狱法立法的理论架构中，应当坚持寻求法治进程中在强调理性建构的同时，又注重经验性的基础作用。② 正如庞德指出："哲学派法学家强调的是理性，而历史派法学家所强调的是经验。这两种思想都有道理。只有能够经受理性考验的法才能坚持下来。只有基于经验或被经验考验过的理性宣言才能成为法的永久部分。经验由理性组成，而理性又受经验的考虑。除此之外，在法律体系中没有任何东西能够站得住脚。法是通过理性所组织和发展起来的经验，由政治上有组织社会的造法或颁法机关正式公布并受到社会强有力的支持。"③

---

① 刘崇亮：《关于刑事执行立法的目的和原则之思考》，载《昆明理工大学学报（社会科学版）》2010 年第 3 期。

② 刘崇亮：《关于刑事执行立法的目的和原则之思考》，载《昆明理工大学学报（社会科学版）》2010 年第 3 期。

③ ［美］罗·庞德：《通过法律的社会控制——法律的任务》，曹玉堂、杨知译，商务印书馆 1984 年版，第 110 页。

在建构理性主义和经验主义双重的立法思维规则下，监狱的修改必须遵循一定的理念。

一、应当遵循监狱法基本原则之修改理念

相较于其他部门法，监狱法理论通常很少研究监狱法基本原则。我国的刑法、刑事诉讼法、民法等其他部门法理论都对各自部门法的基本原则形成了较为成熟的系统理论体系。当然也有学者把《监狱法》第3条理解为该法的基本原则，但笔者认为，把第3条作为《监狱法》的基本原则违背了部门法基本原则的内涵。例如，刑法基本原则系刑法所特有，且必须贯穿于刑法典始终的根本性准则，刑法的制定、修改、解释、适用都必须遵循的准则。正是秉承此基本准则，才把刑法三原则写入刑法典。而《刑事诉讼法》则在第一章直接以刑事诉讼法的基本原则写入法典，专章规定刑事诉讼法基本原则，这些法定的基本原则同样贯穿于刑事诉讼法的制定、修改、解释、适用的全过程。同样，监狱法的基本原则也应当贯穿于监狱法的修改、解释及适用的全过程，而非仅是单项或局部的指导性准则。《监狱法》第3条规定监狱法对罪犯实行惩罚与改造相结合、教育和劳动相结合的原则，将罪犯改造成为守法的公民，笔者认为该条的立法旨意在于规定监狱行刑的基本目的，即监狱所有的刑罚执行活动都是为了实现“把罪犯改造为合格的守法公民”。惩罚与改造相结合、教育和劳动相结合的原则仅是为了实现此目的的方式。条款中的概念逻辑混乱，把罪犯劳动提升到与教育相等的法律地位，笔者认为劳动改造仅是教育改造的一个基本内容。至于“惩罚与改造相结合”的表述，则可以认为是在监狱行刑功能意义上的监狱法基本原则。

另外，笔者曾经在与导师合作的《刑事执行立法的目的与原

则》阶段性成果《关于刑事执行立法的目的和原则之思考》一文中对刑事执行立法应当遵循的基本原则进行过探讨。笔者把人道主义原则和改造优先原则、协调性原则作为刑事执行立法的原则。在以后的研究过程中笔者反思，协调性原则属于监狱法修改过程中应当遵循的理念，人道主义原则在学理上可以探讨，但作为监狱法的基本原则的提法过于学理，不利于实践中的适用和对法的解释，笔者认为权利保障原则更符合监狱法的立法旨趣。

（一）关于惩罚与改造相结合原则

改造在中国模式下是指相对于惩罚而言，监狱在刑事判决的基础之上，按照相关的法律规定，以罪犯重返社会为目标，从而达到减少和预防犯罪的效果，通过一系列的综合改造手段，转化罪犯思想，矫正恶习和培养正常社会道德情感的社会活动。[①]“犯罪是一种故意违背法定义务的行为，刑罚则旨在消除不良行为而使违法者承受一定的痛苦……。犯罪是一种道德疾病，而刑罚是对症良药。其药效属于社会治疗学的问题，是药剂的对症和剂量适中的问题，刑罚应针对的不是罪犯而是其犯罪行为……罪犯灵魂中的道德观念，即为了他的新生——在尊重法律意义上的新生。因此，监狱监督的最终目的是对犯罪人的改造，而不是恶意折磨……”[②]二十世纪初，随着自然科学和社会科学的发展，近代学派替代古典学派在监狱学理论中成为主流。其核心观点认为犯罪人的反社会性是基于个人素质的社会环境而形成的，人在决定犯罪与否时没有绝对的完全的意志自由，更大程度上是由社会环境所决定的。人的可矫正性很大，在一定条件下可以矫正好。因此近代学派在监狱的刑事执行

---

① 刘崇亮：《本体与维度：监狱惩罚机能研究》，中国长安出版社2012年版，第85页。

② ［美］克莱门斯·巴特勒期：《矫正导论》，孙晓雳译，中国人民公安大学出版社1991年版，第67页。

中提倡加强教育矫正的力量，使其改恶从善，重新做人，并保护社会。应当说近代学派提出的在监狱监禁罪犯过程中倡导教育矫正罪犯的观念是监狱行刑史上最为革命性的理论，它开启了刑事执行史上新的里程碑，世界监狱史迎来一个新的时代。

“特别是到了二十世纪初后，西方各国在教育刑论的影响下，相继制定了比较完备系统的监狱法，将一些行之有效的有利于教育矫正罪犯的监狱制度以法律的形式确定下来，如假释制度、累进处遇制度、犯罪人调查与分类制度。”① 在刑事执行的司法实践中，新中国成立后就一直把“惩罚与改造相结合，以改造人为宗旨”和“改造第一，生产第二”作为监狱刑事执行的工作方针。从《劳动改造条例》到现行《监狱法》都明文规定了惩罚与改造相结合，以改造为宗旨的行刑追求，尽管两个法律表述因为时代的变化措辞有些改变，但基本内容和性质是一样的。颁布于 1954 年的《劳动改造条例》第 2 条明确规定：“中华人民共和国的劳动改造机关，是人民民主专政的工具之一，是对一些反革命犯和其他刑事犯实施惩罚和改造的机关。”现行《监狱法》的表述更符合教育刑时代的旨趣正确执行刑罚，惩罚与改造罪犯，预防和减少罪犯。惩罚和改造是监狱行刑中最为根本的内容，必须正确处理两者之间的关系，正如上节所述，执行刑罚是刑事执行的主要内容和根本任务，而为了完成这一根本任务，惩罚和改造罪犯是行刑必须具备的基本功能，预防和减少犯罪是根本目的，根本目的的实现取决于功能的整体发挥。所以单纯地强调惩罚和改造任何一面而忽视另一面都是错误的观点，惩罚功能是改造功能的前提，惩罚也是为了改造。因此监狱只有把惩罚与改造这两者作为一个有机整体统一起来，才能完成既惩罚又改造罪犯的任务，从而达到预防和减少犯罪

① 王平：《中国监狱改革及其现代化》，中国方正出版社 1999 年版，第 95 页。

的根本目的。①

虽然法律文本把惩罚与改造并列于条文中告诉人们惩罚与改造都是监狱刑罚执行的机能，除此无他。惩罚生来就是监狱的本质属性，改造是监狱在人类文明艰难史演变中嫁接而来的，是本质机能产生出来的主要功能，没有本质机能就不可能也没有必要衍化出主要功能，衍化的功能是对本质机能的必要修正和主动补充，但这一修正或者补充而来的改造机能不可能从根本上替代本质机能，本质机能是事物质的规定性，即监狱惩罚机能是监狱存在的质的规定性。这也意味着几千年来作为监狱存在的本来的内在根据虽然其属性没有发生根本的变化，只是随着人类的工业文明和政治文明被赋予了新的内涵，而这一内涵被一些启蒙思想家出于人道主义立场把改造的功能嫁接给了惩罚。②

监狱本质机能的惩罚是监狱本来就有的属性，改造机能是作为次生机能对本质机能的负面效果的主动补充而存在，这就意味着在未来监狱法的修改中，必须强调监狱改造机能的充分发挥。因此，实质上监狱法的立法及修改应当强调合法的惩罚，而事关改造的各项刑罚执行制度必须体现改造机能的发挥、改造环境的强化及改造目的的实现。因为改造具有超越惩罚的属性，因此，一个好的监狱法典总是紧紧围绕着关于监狱行刑目的而制定，并在一定程度上体现改造优先之原则。

比如，关于监狱分类或监区分类设置，当前监狱法对监狱的分类仅以生理为标准进行分类，包括男子监狱、女子监狱、未成年犯监狱等。即便个别监狱也存在对男子监狱以一定的犯罪类型或刑期为标准，划分为重刑犯监狱和轻刑犯监狱，但这种划分也很混乱，

① 刘崇亮：《关于刑事执行立法的目的和原则之思考》，载《昆明理工大学学报（社会科学版）》2010年第3期。

② 刘崇亮：《本体与属性：监狱惩罚的新界定》，载《法律科学》2012年第6期。

并且没有立法上的依据。众所周知，当前我国这种分类存在着无法区分罪犯再犯风险、分类教育虚置等缺陷。[①] 西方发达国家为了更好地做到行刑个别化，从而最大限度地实现罪犯顺利重返社会，大都在对犯罪人风险评估的基础上，针对各类犯罪人的不同情况关押在不同的监狱。大部分监狱分为封闭式和半封闭式，其中封闭式分为最高警戒监狱、中度警戒监狱和低度警戒监狱。这些不同的警戒程度的监狱不但在刑罚处遇上有着较大差别，还对那些中低警戒程度的监狱给予较大的改造自主度，以最大限度地发挥罪犯的改造积极。在未来监狱法的修改中，对监狱分类设置的规定可以借鉴西方国家监狱的分类标准，根据我国的特色，对那些再犯罪风险程度低的监狱可考虑减少改造强度，鼓励自主改造。而对那些高犯罪风险的监狱，在制定各项监管与改造制度时，可能更应当考虑加大惩罚与改造的强度。

（二）关于罪犯权利保障原则

如果说刑法是犯罪人的大宪章，那么，监狱法则是在监狱中服刑罪犯的大宪章。在监狱行刑法律关系中，罪犯与代表国家权力的行使主体的监狱之间的权利与义务组成了法律关系的内容，为此，对罪犯权利的确认与保护是监狱法的重要功能。罪犯权利与监狱惩罚权力之间呈反向关系，即罪犯权利与监狱权力在量值上是相等的，但在方向上呈现反向关系。这就意味着监狱惩罚权力大一个刻度，那么罪犯权利的刻度则要缩小一个刻度，同理，罪犯权利的刻度大一个刻度，那么监狱惩罚权力的刻度则要缩小一个刻度。但这仅是理论上的假设，在行刑实践中，由于监狱惩罚权力的扩张本性，罪犯权利总是容易受到侵犯。为此，罪犯权利保障就成为现

① 当前以重刑犯与轻刑犯来对监狱进行分类的缺陷本书后文将专门进行论述。

代监狱法上的一个基本原则。

监狱法对罪犯权利的保障首先意味着罪犯权利的界定。在法治主义行刑模式条件下，狱内服刑的罪犯到底享有多少权利，恐怕这是一个极为棘手的问题。因为没有哪一个国家的法典可以全部详细规定罪犯到底有哪些权利可以享有，哪些权利被依法剥夺。正是因为权利无法全部界定，才导致行刑实践中多有权利处于模糊的境域。其实，正如一个硬币的正反两面，权利保护的相对面就是权利的剥夺，即监狱惩罚机能的实现后果。为此，我们可以从罪犯的哪些权利被剥夺的角度入手，即能够证明罪犯权利明确被法定剥夺，则意味着那些没有被剥夺权利的罪犯可以享有。而要证明哪些权利被剥夺，监狱法的成文法主义应当发挥作用。

一是罪犯被监禁后，人身自由被剥夺，而罪犯的诸多权利则因为监禁这一法律事实被剥夺，即为人身自由被剥夺的法律后果。包括人身自由、通信自由、会见自由、政治生活自由、性自由、正常人之基本生活之自由等广泛内容的行为属性之自由，在刑罚执行的条件下全部处于监禁的常态之下，它是行刑法律关系产生的基本前提。从对自由的监禁而言，本身的属性就是监狱作为行刑机关代表国家对罪犯实施的惩罚，此种惩罚过程中形成的法律关系区别于其他的法律关系。比如，合同法律关系的形成以双方形成的合意为基础，属于自由意志的形成范畴，而在行刑法律关系中，罪犯与监狱之间形成的各项权利与义务，是基于国家单方面意志所形成的，只不过此种单方面形成的意志是由行刑机关执行。这种单方面的意志形成的权利与义务却不必然否定罪犯因监禁而享有作为“人”之各项基本之自由内容。所以惩罚权力在运行过程中，与其说是一种权力的基本属性，在某种意义上讲，还不如说是一种保障罪犯作为人之基本自由生活的职责与义务。[①] 为此，作为监禁随附后果的直接通信或直接会面、扶养或赡养亲属等大量权利，虽然监狱法或者其他法律并没有明确规定剥夺，但因为人身自由的剥夺而罪犯无法亲身行使之行为能力，是不证自明的。

二是作为监狱法或者其他法律明确规定，所有罪犯或者特定部分罪犯无法享有的权利。这部分罪犯权利的法律属性非常明确，既不存在法律特别许可的问题，也不存在监狱执法主体行使自由裁量权的问题，因此属于权利法定剥夺的产物。比如，《监狱服刑人员行为规范》第 6 条中规定了通常讲的“十不准”，其中第 1 项、第 2 项、第 3 项、第 4 项、第 5 项是记载的罪犯应当遵循的义务。[②] 而这些义务本身所记载禁止的权利其性质上为狱外普通公民的基本权利，包括公民自由活动权、财产权、商品交易权、通信自由权等，该规范明确规定对监狱服刑罪犯的这些权利给予剥夺。

三是属于特许权利的范畴。罪犯的特许权在英语中为 prisoners' privilege ，privilege 在英文词典中被解释为特殊的权利或待遇 (right or advantage)。从特许权的英文解释来看，特许权属于权利的一种，所以罪犯特许权也应当是罪犯的一些特殊权利，但罪犯法定权利和罪犯特许权存在着本质上的区别。罪犯的法定权利是指法律上明确给予保护的，当罪犯具有某项权利时，包括监狱等其他国家机构必须满足这些要求，而这些国家机构则承担着满足罪犯权利的法律义务 (legal obligation)。罪犯特许权则是指罪犯在服刑期间

① 刘崇亮：《本体与维度：监狱惩罚机能研究》，中国长安出版社 2012 年版，第 130 页。

② 《监狱服刑人员行为规范》第 6 条明确规定罪犯在服刑期间严格遵守下列纪律：（一）不超越警戒线和规定区域、脱离监管擅自行动；（二）不私藏现金、刃具等违禁品；（三）不私自与外界人员接触，索取、借用、交换、传递钱物；（四）不在会见时私传信件、现金等物品；（五）不擅自使用绝缘、攀援、挖掘物品……

通过良好的改造表现而获得的能够给罪犯带来一定好处的利益（或者直接说是权利）。[①] 在我们国家，成文性质的罪犯特许权主要规定在《监狱法》《监狱教育改造工作规定》以及各省市自行颁布的规范性文件当中，且规定得较为粗疏。例如，监狱法中关于罪犯特许权的规定包括离监探亲、行政奖励等。对于《监狱法》明文规定上述的特许权，因为这些都是属于监狱内部的行政管理事项，所以监狱具有自主决定权，但这种自主决定权并非像“特殊权力关系理论”所认为的“非法治原则”，而是也应当按照法治的精神，罪犯如果具备特许权的申请资格，监狱应当保证相对应特许权的行使，否则违反法律。另外，相当多的特许权并没有纳入相关的法律法规或行政命令中，当在实践中广泛应用却没有相关法律依据时，对于监狱而言，监狱权力的绝对自主性则完全体现出来了。行刑实践中，罪犯的文化娱乐、购买日用品、自由活动等事项监狱法律法规并没有明确规定，但这些事项因为能够极大地促进罪犯顺利重返社会，能够最大限度地减少罪犯的监狱化人格，有利罪犯的自我改造，属于奖励性质的特许权，所以当一些表现良好的罪犯符合获得的条件时，监狱应当给予确认。[②]

上述我们对罪犯哪些权利被剥夺及哪些权利属于罪犯的特许权界定后，我们才能在未来的监狱法的修改中遵循此罪犯的权利边界，才能在制定法的意义上保障罪犯的权利。特别是成文法主义的立场，对一些事关罪犯基本权利的事项，监狱法应当给予明确。

① Norman A. Carlson, Karen M. Hess& Christine M. H. Orthmann, *corrections in the 21Centry: A Practical Approach*, West Wadsworth, 1999, p. 501.

② 刘崇亮：《范畴与立场：监狱惩罚的限制》，中国法制出版社 2015 年版，第 113 页。

二、应当遵循立法协调性理念

法典是将属于本法调整对象的基本的法律关系集中在一起的规范总成。现代社会更加强调法律的法典化，因为在外行人看来，没有什么比法律体系、概念体系更为清晰明了——通过它们，在文明社会里，司法、调整关系和规范行为——它们可以并且应该转化为明确表达规范，制定成有章有节的向公众公布的法典。① 法典化不仅强调逻辑设计，法的内在逻辑性不仅是一种形式上的要求，还要求外在的协调性。立法协调包括内部协调和外部协调，前者是指立法本身要有协调性，后者是指立法要与它所调整的社会关系相协调。② 特别是立法的内部协调至关重要，既包括同一部门法的协调，又包括法的内部结构要协调。监狱法立法应当也遵循立法协调性原则，既包括监狱法内部结构的协调，又包括监狱法与其他部门法的协调。

（一）关于监狱法内部结构的协调性

一部好的法典应当是协调、符合逻辑的，至少不能存在自相矛盾的问题。但是监狱法内部结构存在着较大的问题，这些结构协调问题正是监狱法应当尽快启动修改程序的主要理由。监狱法起草于二十世纪八十年代中期，虽然是全国人大批准实施的法律，但实际上为委托部门立法。监狱法既带有刑事法的特征，在法的体系上又属于行政法的性质。这种部门立法明显带有行业立法特征，"一部管监狱的法律"立法的痕迹十分明显。再加上当时国内整个立法技

---

① 罗斯科·庞德著：《法理学》（第三卷），廖德宇译，法律出版社2007年版，第514页。

② 周旺生：《立法学教程》，北京大学出版社2006年版，第432页。

术及监狱行刑理论水平整体不高，作为“国家刀把子”的刑法当时都是本着“宜粗不宜细”的立法思路，[①] 监狱法立法思路更是如此。部门立法理论不仅应当具备本行业的专业知识储备，还应当包括立法的一般理论之储备，两者若无法完美结合，法的逻辑结构可能就容易出现问题。

监狱法的结构与逻辑存在着重大缺陷，2012 年的应时性修改无法完全克服这些重大的结构缺陷。监狱法的结构缺陷当然还是由于监狱行刑理论在法学界研究的冷门所导致。一些重大的基础理论研究缺乏，导致法的体系与结构的混乱。比如，关于监狱法的法条中规定的“刑罚执行”的表述及逻辑结构失调的问题。在监狱行刑理论中，刑罚执行是与制刑、求刑、量刑一起构成完整的刑罚权的运行机制，指的是监狱对人民法院已经发生法律效力的判决付诸实施的活动过程，其基本内容主要由惩罚罪犯和改造罪犯所组成。而由惩罚罪犯和改造罪犯所组成的刑罚执行制度，既包括所有的刑罚执行变更制度、监管改造制度、教育改造制度、劳动改造制度，还包括所有与之形成相关配套制度，如生活卫生制度等。正是基于上述认识，《监狱法》第 2 条明确监狱是国家的刑罚执行机关，即说明了监狱的法律性质。新中国成立后制定的《劳动改造条例》以及《监狱、劳改队管教工作细则》都把狱政管理、教育改造、劳动改造作为分则的三大部分，即形成了具有中国特色的刑罚执行制度。但 1994 年颁布实施的《监狱法》则把刑罚执行单独作为一章，刑罚执行、狱政管理和教育改造三者成为监狱分则的主体。但如上所述，监狱本身就是刑罚执行机关，而现代的刑罚执行则包括狱政管理、教育改造和劳动改

---

① 因为社会生活的快速发展，以及刑事立法技术的水平不高等原因，“宜粗不宜细”的立法思路也影响着其他的部门立法。

造等内容，也就意味着刑罚执行是狱政管理、教育改造和罪犯教育的上位范畴，而狱政管理、教育改造和劳动改造才是刑罚执行的三大主体内容。①

近年来，随着行刑理论研究的不断深入，对刑罚执行的本体认识也促进了对监狱法的内部结构性的失调问题的研究。当然，监狱法的内部协调性还有其他的问题，本书将在后面作详细分析。此处的简略论证只是表明在未来的监狱法的修改当中，我们应当严格坚持立法的一般原理和立法的基础理论，以期至少在形式逻辑与内容上协调一致。

（二）关于监狱法法律法规体系的协调性

正如刑法的法律渊源包括法典、单行刑法和附属刑法一样，监狱法的法律渊源同样不仅仅为监狱法法典，还包括其他表现形式。但是监狱法到底有哪些表现形式，研究者观点并不相同。有的认为监狱法律体系主要包括《监狱法》及原本计划制定的《监狱法实施细则》。有的则认为规范刑事执行的监狱法律体系包括：一是刑法和刑事诉讼法中有关刑罚执行的规定；二是规范监狱工作的“基本法”——《监狱法》；三是最高人民法院和最高人民检察院分别或联合对有关法律所涉及的刑罚执行、罪犯权利和义务等规定进行的司法解释，如最高人民法院审判委员会颁布实施的《关于办理减刑、假释案件具体运用法律若干问题的规定》；四是司法部颁发的部门规章，如 1990 年颁发的《司法部关于计分考核奖惩罪犯的规定》；五是各省司法厅与高级法院或检察院共同发布的有关罪犯减刑、假释的会议纪要等规范性文件；六是省

① 刘崇亮：《刑事执行立法的目的与原则》，载《昆明理工大学学报（社会科学版）》2010 年第 3 期。

级监狱管理局制定的行政规范性文件；七是监狱制定的各种行政规范性文件。[①] 有的则认为监狱法律体系包括三个层级，第一级为《监狱法》《刑法》《刑事诉讼法》；第二级为司法部颁布实施的部门规章，如包括《狱内刑事案件立案标准》《监狱提请减刑假释工作程序规定》《监狱教育改造工作规定》《监狱服刑人员行为规范》等；第三级为司法部及监狱管理局颁布实施的规范性文件以及各个省级监狱管理局颁布的规范性文件。[②] 要准确认定监狱法的正式渊源，就必须坚持立法法中关于法渊源的规定。根据我国现行《立法法》第 2 条的规定，我们国家的法律渊源包括法律、行政法规、地方性法规、自治条例和单行条例、规章。据此，监狱法的正式渊源可作以下认定：

（1）首先，关于作为狭义法律的监狱法的法规范。从我国目前刑事法律体系有关规范监狱行刑的法律来看，不但包括监狱法法典，还包括其他两大刑事法律中有关规定监狱刑罚执行的条款。必须指出，刑法和刑事诉讼法中关于监狱行刑内容的法条并非像附属刑法的性质。我们国家附属刑法是指附带规定于民法、行政法、经济法条非刑事法律中的罪行规范，但这些条款只是在形式上概括性地重申了刑法的相关内容，往往表述为“构成犯罪的，依照刑法规定追究刑事责任”，而没有真正对罪与刑罚作出实质性的规定。[③] 而我们国家刑法及刑事诉讼法中关于监狱刑罚执行中的相关条款，则是监狱法中关于刑罚执行的上游规定。这就意味着只要作为上游法的刑法或刑事诉讼法对于刑罚执行进行了修改，而又牵涉到监狱

---

① 楼一维：《监狱法律体系构建的基本问题研究》，载《犯罪与改造研究》2006 年第 10 期。

② 朱志杰：《监狱制度体系建设研究》，载高贞主编：《监狱法修改与完善研究——纪念监狱法颁布 20 年》，法律出版社 2015 年版，第 92 页。

③ 张明楷：《刑法学》，法律出版社 2015 年版，第 21 页。

法相关条款的规定，监狱法则必须作出相应的修改。这是因为作为上游的刑法和刑事诉讼法是全国人民代表大会制定的法律，而作为下游法的监狱法是全国人民代表大会常委会制定的法律。根据《立法法》第 7 条规定，全国人民代表大会常务委员对全国人民代表大会制定的法律进行修改时，不得同该法律的基本原则相抵触。所以根据此条规定，监狱法一旦因上游法的修改发生冲突就必须进行相应修改。

刑法中关于监狱刑罚执行的法条主要集中在第三章刑罚以及第四章刑罚的具体运用中。《刑法》第46 条规定："被判处有期徒刑、无期徒刑的犯罪分子，在监狱或者其他执行场所执行；凡有劳动能力的，都应当参加劳动，接受教育和改造。"该条是刑法规定对罪犯被判处有期徒刑及无期徒刑刑罚时的执行主体、执行场所、执行内容及方式，可谓是监狱刑罚执行的上游法规定。正是此条规定，至少在刑法中这样的基本法律中明确了被判处有期徒刑的罪犯应当在监狱中执行刑罚，作为下游法的监狱法必须要符合上游法的这一规定。刑法作这样的规定是从监狱刑罚执行的性质角度规定的，而《刑事诉讼法》第 253 条则从执行对象及程序上作了进一步的明确。该条规定："罪犯被交付执行刑罚的时候，应当由交付执行的人民法院在判决生效后十日以内将有关的法律文书送达公安机关、监狱或者其他执行机关。对被判处死刑缓期二年执行、无期徒刑、有期徒刑的罪犯，由公安机关依法将该罪犯送交监狱执行刑罚。对被判处有期徒刑的罪犯，在被交付执行刑罚前，剩余刑期在三个月以下的，由看守所代为执行。对被判处拘役的罪犯，由公安机关执行。对未成年犯应当在未成年犯管教所执行刑罚。执行机关应当将罪犯及时收押，并且通知罪犯家属。判处有期徒刑、拘役的罪犯，执行期满，应当由执行机关发给释放证明书。"

上述的条款都是对监狱刑罚执行的宏观性安排，属于原则性的规定，直接成为刑事执行活动中必须应该遵守的准则。所以《监狱法》《刑法》和《刑事诉讼法》相互构成了基本的监狱法律体系。

（2）其次，上述观点关于“最高人民法院和最高人民检察院分别或联合对有关法律所涉及的刑罚执行、罪犯权利和义务等规定进行的司法解释也属于监狱法律体系”。对于司法解释的性质，在现代中国立法体制和解释体制下，“立法和法律实施两分的传统格局已经打破，出现了两者交汇、兼有立法和实施性质的活动，从而大致形成了一种三分格局——姑且称之为立法活动、实施活动和交叉活动”。[①] 在传统意义上，立法和法律实施构成法律实践的两个不同性质领域，前者产生法律规范，后者在社会生活中具体运用或实现法律规范，但是由于社会生活的复杂需要，立法出现了多层次、多主体的局面，不仅不同层次的立法者立法，而且法律实施者也承担相应的立法职能。最高人民法院和最高人民检察院表面上行使的是实施法律规范的活动，但至少从法规范的本质意义上讲，即法规范是规范人们行为的具有强制性法律后果的行为准则，那么所谓的“司法解释”就无法区分所谓的“在审判和检察工作中具体运用法律遇到的问题需要进一步解释”和立法机关制定法的区别了，并且有些解释往往超过法条容量而被认为是真正意义上的“准立法活动”了。但从真正法的意义上讲，笔者认为两高对有关监狱刑罚执行（主要针对刑罚执行变更制度中的减刑、假释、暂予监外执行作的解释）的司法解释并非监狱法律的性质。因为按照前述立法法对法的渊源的规定以及司法解释的性质，无法把其归纳为监狱法律的性质。对此问题的界定很重要，因为若有对刑罚执行的司法解释违背监狱法典的规定，应当认为失效。

---

① 张志铭：《法律解释操作分析》，中国政法大学出版社 1998 年版，第 19 页

（3）再次，关于司法部制定的相关部委规章，按照立法法的规定，规章是法的正式渊源，是对本部门的行政管理事项制定的规范总称。因为监狱法区区 78 条的粗疏，可操作性不强，相当一部分的条款为原则性的条款，而刑罚执行工作总是个别而具体的，为此，就需要对这些原则性的条款进行细化。对监狱法原则性条款的细化主要由司法部颁布实施的规章所承担。近年来，司法部针对监狱刑罚执行陆续出台了一批规章。譬如《监狱教育改造工作规定》《监狱服刑人员行为规范》《外国籍罪犯会见管理规定》《监狱提请减刑假释工作程序规定》《罪犯离监探亲和特许离监规定》等。

应当说这些部门规章很好地强化了监狱法的可操作性，使得在全国范围内统一各项监狱刑罚执行制度具有重大的意义。从实际情况来看，有的因为刑法、刑事诉讼法和监狱法的修改及时得到了修改，基本上实现了与之相对应的法律相衔接，如《监狱提请减刑假释工作程序规定》。但是有的自颁布实施以来就没有进行过相应的修订。一方面随着监狱行刑环境发生变化，有的规章显然滞后于这种变化；另一方面因为其他法律或法规的变化而导致产生不衔接。

（4）关于司法厅（局）制定的一些会议纪要等规范性文件，我们认为这只是地方行政机构规范本部门的通知、规定或命令性质的指导性意见，并不属于监狱法律体系的范畴，当然就不具有法律效果。

（5）最后如果把监狱制定的各种规范性文件也纳入监狱法律法规体系内的话，那么就完全把法律法规的本质混淆了。各个执行主体当然有权根据自身实际情况制定一些规范性文件，但我们认为这不能具有普通性的法规范意义，充其量只是本单位的一些管理制度。如果把中国所有的社会单元制定的管理制度都视作法律法规体系的一种的话，那么法律法规的范围会无限扩大。[①]

我们在分析了监狱法律的体系以后，必须要指出的是，因为本书研究的是《监狱法》的修改，而监狱法与其他法的协调是具有特定的范畴，即监狱法与上游法（刑法、刑事诉讼法）等协调。当然，根据监狱法的制定依据，宪法是国家的根本法，因此，监狱法的所有条款都不能违反宪法。从当前监狱法与上述法律不协调的实际情况来看，经过2012年监狱法修改以后，一些问题已经得到解决，但毕竟此次修改只是应时性修改，监狱法与其他法的不协调情形仍然存在。

三、遵循促进罪犯自主改造之理念

在监狱行刑法律关系中，作为行刑法律关系的参加主体，不仅包括监狱、检察机关和人民法院，还包括罪犯。罪犯在所有的行刑法律关系的参加主体中，是法律关系的被动参与者，是义务的一方，所以理论及实务部门的观点凡是言及改造，总是认为改造是罪犯的绝对义务。对于国家而言，改造是权力，是作为监狱行刑的次生机能而存在，是与惩罚机能一起组成了国家对罪犯刑罚执行的全部。[②] 但是，若把改造仅作为罪犯的绝对义务，不但会阻碍改造机能的顺利实现，还终将阻碍刑罚效益的实现。其实，改造作为绝对义务仅从对象意义上成立，而若从主体意义上说还应当具有自治权利的样态。鉴于此，笔者所主张的应时性的监狱法修改应当转向以制度性修改为主，在制度性需求修改背景下，应当把那些能够扩大罪犯自治权的制度写入监狱法或者对过于严厉而妨碍罪犯改造自治

① 刘崇亮：《刑事执行立法的目的与原则》，载《昆明理工大学学报（社会科学版）》2010年第3期。

② 刘崇亮：《本体与属性：监狱惩罚的新界定》，载《法律科学》2012年第6期。

权的制度进行适当调整，从而为提高罪犯改造效益在法律方面提供保障。

（一）罪犯改造自治权的基本法理

罪犯改造这一社会存在物，是人类有组织、有计划的社会实践活动。即便我们在认识论上解决了改造的哲学基础，作为社会实践的改造活动如何才能使行刑效益最大化才是问题的关键。但无论是思想改造、心理矫治、道德教化、行为养成，还是职业技术教育、文化教育、劳动改造，这些改造的内容都是作为强制性义务而存在的，而这种义务是否意味着绝对的强制性呢？还是改造本身也存在着一定的自主性？或者说从某种角度来看，改造对于罪犯而言也是一种权利？

在以控制模式为主的监狱形态中，不但惩罚机能的发挥以控制为主，改造机能的发挥也呈现出绝对控制的样态。[①] 那些主张以惩罚或威慑论为主导观念的行刑理论，因为改造是在惩罚机能或威慑功能发挥的基础之上进行的，所以改造也应当具有绝对的强制性。只是这绝对的强制性改造相较于基于自愿的改造的负面效果显著。传统的刑事司法理论认为惩罚与改造存在着冲突，刑事司法一方面要实现公平正义，对罪犯进行惩罚；另一方面又要对罪犯进行改造，使其不再犯罪，两者之间存在着尖锐的矛盾。因为报应基本是一种封闭体制下的强制教育，是对罪犯的人格的一种伤害，难以达到改造的目的，进而会造成一种更多的犯罪。[②]

---

① 刘崇亮：《本体与维度：监狱惩罚机能研究》，中国长安出版社2012年版，第184页。

② 张旭、蔡一军：《恢复性司法践行理路探析——以欧洲的实践为视角》，载《当代法学》2007年第4期。

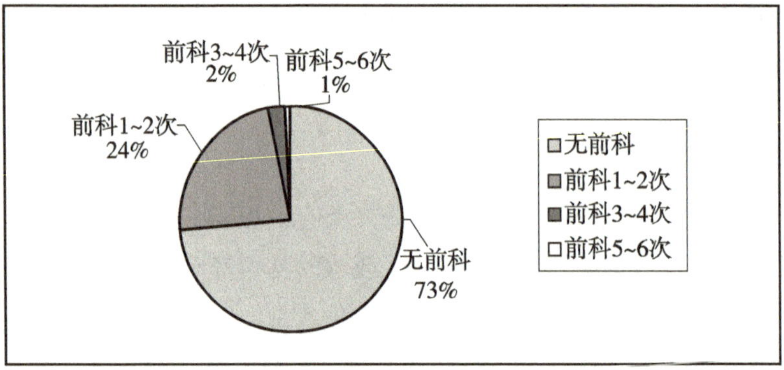

图3　2014年第二季度上海某重刑犯监狱前科统计图

注：前科在此处为有效判处刑罚的法律后果。

数据来源：上海市提蓝桥监狱提供，统计对象为刑期10年以上的罪犯。

如图3所示，当前我们国家的重新犯罪形势非常严峻，该监狱二次以上犯罪的罪犯共占到押犯总数的24%，并且此种情况还有趋重的趋势。所以在此情势下，如何提高对罪犯的改造效益自然成为我们国家当前的重要命题。就世界范围内而言各个国家因为对改造的基本态度不同，即主导性的刑罚观不同，刑罚的效益实现情况亦大不相同。如图4所示，英国的监狱人口规模自1997～1999年的三年间几乎没有增长，而同时期的美国监狱人口规模在过去的三十年间则几乎增长了三倍。① 众所周知，美国自二十世纪七十年代以来，刑罚思想与政策变得更为保守，主张对日益严重的犯罪采取更为严厉的措施，取消对罪犯的诊断与治疗，从而导致了大规模的监禁人口爆炸式增加。② 相反，同时代的英国基于刑罚观的趋于轻缓化，除了广泛采取福利性的刑事制裁措施之外，还不断加大对罪犯

① 刘崇亮：《"重重"刑罚观对监狱行刑的效果——以刑法修正案（八）对刑罚结构的调整为分析视角》，载《法制与社会发展》2013年第6期。

② Malcolm M. Feeley & Jonathan Simon, *The new penology: notes on the emerging strategy of corrections and its implications*, Berkeley Law Scholarship Repository.

的矫正力度，扩大罪犯的权利。[①]

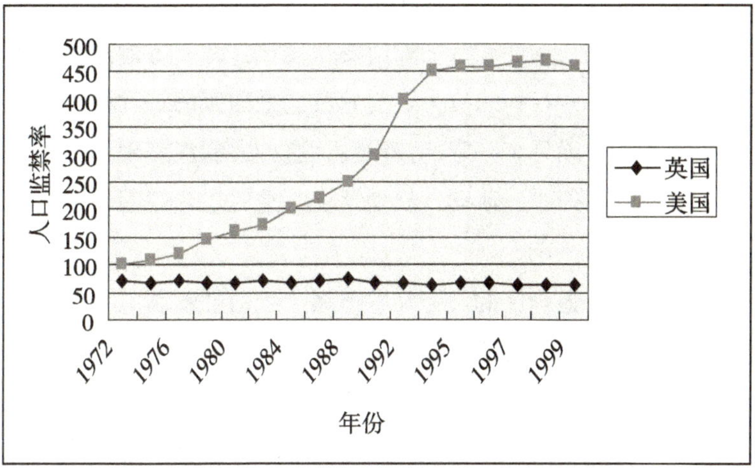

图4　1972～1994年英、美两国人口监禁率变化图

近年来，随着社会福利主义行刑观念的兴起，改造过程也是罪犯权利保障过程的观点开始被表达。这种观点认为，尽管罪犯因过去的犯罪行为必须接受报应和惩罚，但这种报应和惩罚不是漫无边际，仅限于被拘禁在狱内服从一定的监管纪律，除此之外，受刑人与公民一样，属于宪法上的权利主体，享有基本的人权和权利。为了能够让受刑人享受或实现这种权利，国家应积极地为受刑人无偿提供诸如治疗等改造活动。这种基于人权主义的改造论发端于二十世纪七十年代初期，发挥着促进监狱行刑的科学化和人权化的作用，至今被一些学者和部分国家奉为监狱行刑的重要理论之一。[②] 这种人权主义改造观是权利主义高涨时代的产物，是法治主义改造观再向前发展的必然。把对罪犯的改造活动视

---

① Roger Matthews, *Doing Time, An Introduction to the Sociology of Imprisonment*, ST. MARTINS PRESS, 1999, p. 29.

② 王云海：《监狱行刑的法理》，中国人民大学出版社2010年版，第67～68页。

为个人追求幸福和福利的权利，相反，对于国家和监狱来讲罪犯的改造活动则被视为义务。这样在论证上并不存在冲突，监狱对罪犯的改造活动无论其本性和特征如何发生变化，都不可能改变国家对罪犯的改造是一种特殊的权力。既然改造是国家的一种权力，而对于罪犯而言就必须具有一定的强制性，这种强制性表现为罪犯服从国家安排的一系列改造活动，换句话说改造对于罪犯而言是地地道道的义务。

但是，这种强制性的义务又并非属于绝对性的，它在现代法治条件下还意味着一定的罪犯改造的自主性，即罪犯应当享有一定的自治权。罪犯享有一定的改造自主权并不意味着改造就是一种纯粹的权利，它的真正内涵指的是国家在对罪犯强制性改造约束的前提下，可以让罪犯享受一定的自治权，自主约束，自我改造，甚至对改造计划或方案有一定自由的选择。按照近代西方宪政条件下的基本原则之一的自由主义式“自我决定权”，成年公民本人拥有完全决定自己行为并对此负责的自我决定权。但是，因为违反了刑法被国家施加一定刑罚的罪犯不可能拥有完全意义上的自我决定权。罪犯只能在监狱行刑法律关系中参与改造活动，也即意味着罪犯任何的活动都受到行刑法律关系的约束。人权主义改造论者认为罪犯有追求幸福的权利是指国家有义务保障罪犯在被行刑过程中提供相应的管理和服务，罪犯那些没有被明确剥夺的权利国家当然要创造条件提供，如罪犯的娱乐权、休息权、文化学习权等。从这个意义上讲，罪犯改造的过程也是罪犯权利享有的过程。

（二）罪犯改造自治权的价值分析

罪犯作为狱内行刑法律关系的主要参加者，其行刑法律关系的内容则主体现为两个方面，一个是如何实现权利的依法保护，另一个是实现重返社会的目标。而监狱惩罚机能的扩张属性通常会阻碍这两个目标的实现，罪犯改造自主权的提倡则有利于这两个目标的实现。

1. 罪犯改造自主权的提倡有利于罪犯权利保障的实现。罪犯权利具有不完整性、限制性和单向性的特点，[①] 所以在此情形下，本就处于弱势地位的罪犯很难对其权利充分行使。罪犯权利保障在监狱行刑法律关系中处于十分重要的地位，它不仅关系到监狱行刑目标的实现，还是监狱行刑法治化的具体体现。罪犯权利保障是一个十分复杂的系统，它本身要求有一个十分顺畅的保障机制，这个保障机制不仅要有法律与制度的保障、监管硬件设施，还需要有一个较为合理和宽松的监管机制。但事与愿违的是，监狱监管改造方式在人类的大部分历史时期虽然尝试了很多种改造方式，无论是宾夕法尼亚制，还是奥本制，不管是医疗模式，还是复归社会模式，抑或是当代美国的新古典主义行刑模式的盛行，各种的行刑范式都无法克服一些共同的问题，即监狱秩序与罪犯权利无法得到合理的平衡。“监狱秩序并不会以特殊的面目出现，像普通的社会秩序一样，它是通过一个具有复杂的力量影响的系统和大量具有起良好作用的控制策略来获得的，我们通过早期的监狱社会学知道，在犯罪人的社会和文化背景之间有着一个重要的联系，这些联系提供了调和剥夺或监狱所施加的痛苦的一个基本框架。在考夫曼、福柯等的作品中，他们都注意到了机构系统性的问题和惩罚权力运行的关系。”[②] 既然监狱惩罚机能的实现过程实则是施加罪犯痛苦的过程，那么无论在何种改造模式下，监狱都主张强调监狱秩序在狱内的维护。可

① 不完整性是指相对于设施外的普通公民而言，罪犯有些权利被法律明确给予了剥夺，不能行使；限制性是指虽然罪犯有些权利法律没有明确给予剥夺，但是因为罪犯处于被羁押状态，不能充分行使；单向性是指相对于普通公民权利与义务的对向性而言，罪犯的权利与义务不对称。

② Roger Matthews, *Doing Time: An Introduction to the Sociology of Imprisonment*, ST. MARTINSPRESS, 1999, p. 79.

是需要明确的是，即使改造氛围再良好的狱内秩序，也必须借助监狱权力机制来进行维护，正是在权力维护机制的过程中，罪犯权利容易受到侵犯。监狱为了达到良好的秩序效果往往使纪律遵守变相得到执行，而且因为监狱是个绝对的权力机构，纪律的推行往往依靠强大的警察权力来实施，这时如果纪律成为惩罚的奴隶，那么秩序和人道的天平往往向秩序倾斜。① 所以，因为强调监管纪律，罪犯权利难免受到侵害。但是，需要指出的是，那些千篇一律的绝对式命令在对罪犯的改造或矫正过程中并没有取得良好的效果。以队列训练为例，国内行刑实践中监狱非常重视队列训练在罪犯改造中的运用，理论界和实务界普遍认为对罪犯实施队列训练可以促使罪犯的行为养成，提高罪犯的身份意识、认罪和悔罪意识。在军事化的管理模式中，罪犯必须严格服从监狱民警的指令，整体划一的动作，令行禁止，从时间到空间，从队列训练进而扩展到罪犯改造所有的领域，包括罪犯的生活现场、学习现场、劳动现场等。

表 7　关于对罪犯队列训练的相关调查

事项	问题	回答		
意愿	是否愿意接受队列等严格军事化管理	愿意	无所谓	不愿意
		12.6%	30.3%	57.1%
效果	是否能够有助改造态度的转变	有	没有	不清楚
		15.6%	40.6%	43.8%
方式	如果有心理疏导可供选择你会选择	队列训练	心理疏导	不清楚
		11.5%	55.7%	32.8%

数据来源：江西省豫章监狱提供，调查的对象为 10 年以上有期徒刑、无期徒刑和死刑缓期两年执行的罪犯。

但是，以队列训练等军事化管理的狱制模式在行刑实践中并不

① 刘崇亮：《监狱惩罚机能及其限制》，载《中国监狱学刊》2009 年第 6 期。

理想，惩罚的权力贯穿始终，罪犯基本丧失了改造的自主性。如表7所示，在对500个刑期在10年以上的罪犯进行调查问卷表明，主观上愿意接受队列训练的只占总数的12.6%，认为有利于转变改造态度的只占15.6%，而与心理疏导相比，大部分罪犯更愿意选择此项。从我们对以队列训练为主的军事化管理调查统计表明，军事化管理本身在狱政管理中并不会明显有利于提高行刑效益。而且更为值得注意的是，以队列训练为主的军事化的狱政管理使得罪犯改造自主意愿丧失，并使罪犯权利空间面临被压缩的处境。相反，对罪犯改造自主性的提倡则会拓展罪犯权利空间。监狱纪律是维持监狱改造秩序的最为基本的手段之一，但监狱纪律应当以尊重罪犯人格尊严为最低限度原则，监狱纪律既要维护改造秩序的稳定，又要使罪犯基本权利得以理性保护。监狱纪律适度平衡一个主要的实现路径就是提高罪犯改造的自主性，即提高罪犯的自治权。提高罪犯在改造过程中的改造自主性，则意味着应当对诸如以军事化或半军事化管理为主的改造模式进行较大变革，使得罪犯能够在一定程度上支配改造的主动性，这不但可以提高罪犯的改造效果，还可以为罪犯权利保护争取一个较为宽松的外部环境，为罪犯的权利保障提供条件。

2. 罪犯改造自主权的提倡有利于行刑目标的实现。把罪犯改造成守法公民作为监狱行刑的目标，是监狱行刑法的立法史上的一大进步。《监狱法》颁布实施之前的《罪犯劳动改造条例》规定为“惩罚与改造相结合，把罪犯改造成为新人”，即条例中把改造目标的定位于新人。把改造目标从新人改变为合格的守法公民，具有一定的意义。把罪犯改造成新人是政治改造模式的历史产物，是监狱工作的泛政治化表现，是改造的政治学范畴。在强调革命式改造的特定时期，改造的客体仅在于罪犯的思想，罪犯之所以会犯罪，是因为腐朽没落的旧思想，所以强调改造思想。这种革命式的改造把目标定位于把罪犯改造成为新人后，罪犯改造的自主权基本丧失了。因为从思想到行为必须要做到高度统一，才能保证罪犯从意识到身份进行认同，并且由内到外成为新人。这种罪犯改造自治权的剥夺使得罪犯重返社会困难重重。在把罪犯改造成新人的功利主义观的影响下，监狱惩罚机能的扩张难以避免。吴宗宪教授认为，如果监狱管理人员和罪犯改造人员无限制地进行旨在促使罪犯之间一致化的管理和改造活动，努力按照一个模式管理和改造罪犯，会进一步加剧罪犯的监狱化烙印，会更加深刻地剥夺罪犯的自主性、能力性。长此以往，就会将罪犯训练成一切服从别人指挥、自己失去思考和判断能力的“机器人”，就会将罪犯变成释放后难以重新适应社会生活的“废人”。①

一个国家监狱所秉承的改造目的，是这个国家监狱行刑的方向和目标，它指引着国家行刑的最终归宿，是国家所坚持的预防主义的具体落实。改造的目的在本质上难免具有一定的功利性。中国模式下的改造具体内容大致包括思想改造、心理矫治、行为矫治、道德教育、文化教育和职业技能教育等，可以说，凡是能够对犯罪人的思想和行为进行转化教育和矫正的措施都可以划归到监狱的改造范畴中来。可是这种基于强烈功利主义色彩的改造观使得改造效果却并不令人满意。虽然现行监狱法明确监狱行刑的目标是把罪犯改造成合格的守法公民，但仍具有功利主义色彩，与西方狱制较为发达的国家仍然区别较大。法国刑法明确规定，对犯罪人自由刑的执行，不但视为保护整个社会和保证对被判刑人犯的处罚，还被视为有助于被判刑人犯改正过错，为其最终重返社会做准备。② 丹表

---

① 吴宗宪：《罪犯改造论——罪犯改造的犯因性差异理论初探》，中国人民公安大学出版社2007年版，第232页。

② [法] 卡斯东·斯特法尼等著：《法国刑法总论精义》，罗结珍译，中国政法大学出版社1998年版，第425页。

《刑事执行法》第3条规定，刑事处罚之执行，必须既关注处罚之执行，又关注帮助或者影响被定罪人过上合法持久之正常生活之需要。[①] 我国台湾地区“监狱行刑法”第1条明确规定，徒刑、拘役之执行，以使受刑人改悔向上，适于社会生活为目的。综观上述关于监狱行刑或改造目的的表述，我们不难发现，我国监狱法规定的关于监狱改造的目的表述为“将罪犯改造为守法公民”与西方国家或我国台湾地区的有关监狱行刑的目的有着较明显的差异，其中最为明显的是改造目的定位的认识上。笔者认为我们国家可以借鉴法国或我国台湾地区的“监狱行刑法”，把改造的目的定位于让罪犯顺利重返社会。此种表述看似与把罪犯改造成合格的守法公民相同，但在内涵上仍然具有重大的区别。合格的守法公民在目标定位上仍然具有一定的理想主义的政治色彩。正如法国等西方发达狱制国家在监狱行刑法中明确规定，对罪犯的矫正最终在于使罪犯顺利重返社会，这是建构在监狱行刑的现实情况之上的。监狱对罪犯的刑罚执行包括惩罚与改造，惩罚是在监狱本质机能意义上成立的，它是监狱存在的根据，但因为众所周知的原因，监狱的惩罚机能本身具有不可克服的弊端，于是改造则成为救济本质机能的自然选择。惩罚机能的发挥其中最为严重的弊端之一是罪犯监狱人格的养成难以避免，而罪犯监狱人格的养成最终的后果就是罪犯走向社会后难以重新融入社会。

扩大罪犯改造的自治权，就是明确罪犯以主体的身份参与到罪犯的改造中来，改变罪犯完全被动参与改造的境况，并迫使监狱改造范式作出变革。罪犯以主体身份参与到监狱行刑法律关系中来，不再是那种以“新人”为目标的形式进行被动改造，而是以明确重返社会为目标。重返社会是一种合理的改造政策，人们可能希望尽

---

① 谢望原译：《丹麦刑法典与丹麦刑事执行法》，北京大学出版社2005年版，第79页。

可能多地对具有现实改造可能的罪犯适用社会复归计划，在合适的情况下加以运用。社会复归计划在帮助人们改变自己，以最大程度地过上令人满意的生活方面具有内在的价值。①

在 GRENDON 监狱的试验情况②

参加人数：245 人，包括暴力犯、性罪犯、抢劫犯和盗窃犯，平均刑期为 7 年。

矫正官员：(Correction officer)：监狱长、精神病学家、心理学家、社区执行官员、教师

原则：1. 民主化：每个成员可以就监狱社区如何管理发表看法；2. 宽容：容忍他人的错误；3. 社区主义：鼓励每个成员具有集体责任感；4. 社区伙伴：改变不良价值观，注重互相帮助的角色关系。

表 8　监狱矫正社区试验项目统计表

	比对组	矫正社区项目组
重新被监禁率	41%	30%
重新被捕率	33%	24%

近年来，英美等国家在狱内兴起了矫治社区项目（Therapeutic Community)，该项目为了充分使罪犯感受“社区”的概念，通过结构的、非结构的方法影响罪犯的家庭态度、社会观念与个人行为。1999 年，宾夕法尼亚州矫正局在五个监狱开展了矫正社区项目的调查试验。调查发现，如表 8 所示，参加矫正社区项目的罪犯相比不

① ［美］保罗·H. 罗宾逊著：《进行中的刑罚理论革命：犯罪控制意义上的公正追求》，王志远译，载《当代法学》2012 年第 2 期。

② Lipton, D. S. *Therapeutic Community Treatment Programming in Corrections*. In Hollin, C. R. (Eds). Handbook of Assessment and Treatment. John Wiley & Sons. Ltd. 2001. 转引自翟中东书：《国际视域下的重新犯罪防治政策》，北京大学出版社 2010 年版，第 318 页。

参加该项目的重新犯罪率大致能够降低 10% 以上，说明矫正社区项目对减少罪犯重新犯罪和促使顺利重返社会作用显著。[①] 从该矫正项目的本质来看，促进罪犯在狱内能够积极转变服刑态度真正在于使监狱本身成为一个罪犯居住的社区。扩大罪犯改造自治权，监狱必须提供相应的改革措施，从而从控制模式的监狱形态向文明模式的监狱形态转变，避免把监狱变成一个绝对的权力控制机构，最为理想的状态是促使监狱成为一个真正的正式群体居住的社区。只有把罪犯真正作为社区中的正式居民，对那些无须严厉监管的罪犯给予相应宽松的改造环境，在一定程度上打破封闭，让罪犯在惩罚的机制下主动寻求自我改造，这也是另外一种形式的惩罚机能的内在限制。

（三）罪犯改造自治权扩大之实现路径

开放式处遇被认为是当代中国行刑制度的重大变革，以社区矫正为代表的改革迎合了当代中国开放式处遇的发展新路径。而被认为是权力与知识集中对罪犯展示力量的监狱行刑，必须也应当对改造刑中的改造主体、地位、方式进行“自我改造”，以契合知识为主的综合改造刑。[②] 郭明教授认为，现代刑罚是一种怪诞的复合刑罚，在刑罚的口袋里，不仅装着报应的正义，而且装入了那些自以为具有政治、道德、人格、知识等优越性的组织或个人，自觉或不自觉地以高尚或正义之名得以实现政治、伦理、人格等超司法利益。[③] 然而，改造并非就一定意味着占有政治、道德伦理、权力为

① 翟中东：《国际视域下的重新犯罪防治政策》，北京大学出版社 2010 年版，第 317～318 页。

② 刘崇亮：《以知识为主的综合改造刑论》，载《河北法学》2014 年第 3 期。

③ 郭明：《改造：现代刑罚的迷误及其批判——兼及刑罚范式革命与制度变革的思考》，载《环球法律评论》2005 年第 5 期。

优势方的精神或思想上的压迫，它可以是某种程度的互相妥协、互相配合。罪犯改造自治权就是刑罚效益实现方式的另一种路径，这种路径可以采取以下措施实现。

1. 关于罪犯改造自治权扩大的技术性制度条件。罪犯是因为违反了刑法而被施加改造的抽象的个体人，而在犯罪学家的眼里则是实实在在、千差万别的生物个体，特别是随着近现代心理学的迅猛发展，科学认识罪犯和解释犯罪则成为可能。那种千篇一律地以监狱纪律来管束罪犯的时代已经一去不复返，认为“罪犯是集恶习于一身的人”的观念也渐渐得以改观。人们日益明白，并非所有的罪犯都是因为人格缺陷、心理障碍、认识因素、行为养成等所造成。“现代罪犯矫治心理学表明，从当代的研究信息来看，对罪犯的治疗根据减少再犯的情形来看，研究虽少但具有重大成果。当一定的治疗因素被考虑进来时，通过元分析就会发现这些少的成果会极大地提高。对于罪犯而言，这些研究信息提供了描述高效计划特点的可能性。简单来说，高效计划有以下特点：治疗重点放在高风险的罪犯身上，治疗应当以具有明确目标的结构性计划来进行，应当由相应的组织机构来技术支持、管理以确保高度的完整性。”① 随着生物技术、心理学知识、信息科学的巨大进步，人们几乎达成一致——相当部分罪犯并没有多大的再犯罪风险。比如，对于职务类的犯罪而言，绝大部分学历较高，具有稳定的职业，社会化程度高，犯罪恶习较少，在入狱前与具有犯罪风险的人联系较弱，入狱后随着职务与权力的剥夺，犯罪因素也随之被切断。对于这类罪犯而言，对其再进行所谓的思想、道德、伦理、文化方面的改造可谓浪费司法资源；而且对他们的改造会成为一种负面情绪的催化剂，

① Clive R. Hollin, *The Essential Handbook of Offender Assessment and Treatment*, John Wiley & Sons Ltd, 2004, p. 9.

不但不具有改造的效果，还会成为监狱化人格的介质。相反，经过科学评估后，对那些具有再次犯罪高风险的罪犯，必须制订严格的改造方案和对策，包括风险评估、心理干预、劳动改造、教育改造等综合性的改造方案，并且使这些改造方案贯穿于罪犯服刑期间的全过程。风险评估、心理干预等改造方案不但应当体现在改造活动过程中，还应当成为刑罚执行变更制度的标准，如人身危险性的评估对于假释具有重要的意义。①

正因为对于罪犯可以进行科学分类与评估后，罪犯的自治权的扩大才具有了坚实的技术性基础。要对所有的罪犯扩大其改造的自治权明显不具有可行性，有的罪犯并不需要施加多少强制性的改造，有的罪犯却需要加大改造力度，所以以分类改造为基础的刑罚执行个别化是扩大罪犯自治权的技术性条件。

分类改造的技术性条件又包括监狱的分类和罪犯的分类，基于行刑个别化的罪犯分类，是监狱分类的技术性条件。但是在当前我国的监狱行刑实践中，罪犯的分类和监狱的分类通常犯罪的性质、生理、年龄、刑期等为依据进行分类。以生理与年龄为分类基础分为男女监狱、成年犯和未成年犯监狱是恰当的，但以刑期和犯罪性质来划分却缺乏科学性。当前我国的监狱分类主要以刑期长短和犯罪性质来划分，甚至有的地区监狱分类依据十分混乱或模糊。以刑期长短和犯罪性质来划分，监狱被分为重刑犯监狱、中刑犯监狱和轻刑犯监狱。按照相关的规定，监狱内部通常也应当依据犯罪性质进行分类关押、分类改造。但是，据笔者调研，如表 8 所示，该监狱的三分工作基本处于虚无的境况。我们对该监狱其中三个监区进行罪犯的分押进行统计，发现三个监区对四种常见犯罪类型的罪犯关押基本上呈分散状态。暴力性罪犯三个监区总数比分别为

① 朴永刚：《我国减刑假释制度改革创新之设想》，载《当代法学》2012 年第 1 期。

20.6%、10.5%和5.1%，其他犯罪类型在各监区也都有分布。

表9　江西省某女子监狱押犯犯罪类型统计表

	暴力性犯罪			经济类犯罪			财产类犯罪			妨碍社会管理秩序罪		
	频数	百分比	总数比	频数	百分比	总数比	频数	百分比	总数比	频数	百分比	总数比
一监区	254	56.8	20.6	19	39.6	1.5	132	45.1	10.7	222	49.8	18.0
二监区	130	29.1	10.5	16	33.3	1.3	103	35.2	8.3	144	32.3	11.7
三监区	63	14.1	5.1	13	27.1	1.1	58	19.8	4.7	80	17.9	6.5
合计	447	100	36.2	48	100	3.9	293	100	23.7	446	100	36.2

这种简单的监狱分类和罪犯分类的缺陷十分明显，从表面上看似是行刑个别化的结果，但是却并非真正体现了行刑和改造的个别化。因为重刑犯监狱虽然大部分罪犯的犯罪性质较为严重，刑期较长，轻刑犯的犯罪性质相对较轻，刑期较短，但是并不意味着重刑犯的再犯罪风险一定会比轻刑犯的再犯罪风险高。在我国的监狱系统，有的罪犯虽然刑期较短，犯罪性质也相对较轻，但是人身危险性和再犯罪风险较高，如果对这些罪犯不采取高强度的改造，后果可能十分严重。比如，2014年11月在全国产生恶劣影响的“纳河监狱罪犯猎艳案”中的主角罪犯王东，该犯2005年，2009年分别因抢劫和诈骗罪被判处有期徒刑两年和一年六个月，2012年又因绑架罪被判处有期徒刑六年，于2014年在纳河监狱服刑期间先后通过手机聊天的方式以裸聊视频相要挟，骗取三名女子十几万元。[①]虽然其是刑期只有三年的财产性犯罪的罪犯，但该犯为“三进宫”的累犯，犯罪恶习很深，再犯罪风险明显比一般的短刑期罪犯要高得多，因此对其和普通短刑期罪犯关押在一起，进行同样强度和方式的监管和改造就明显缺乏技术性改造基础。

① 载http://jiangsu.china.com.cn/html/law/case/974805_1.html，访问日期：2015年3月21日。

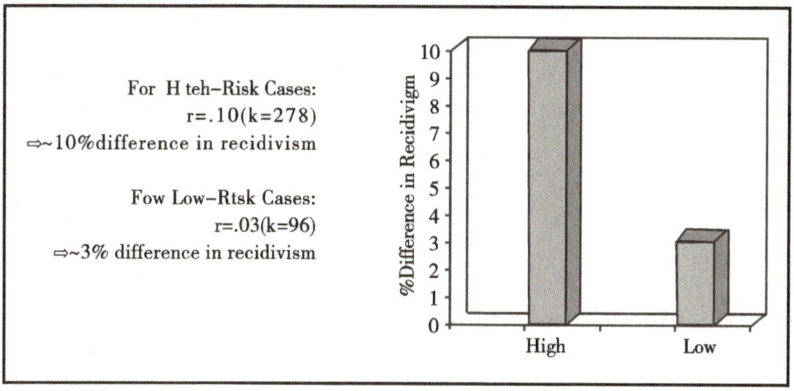

图 5　基于风险评估原则的治疗效果图

如图 5 所示，对再犯风险低（low risk）罪犯提供矫正的效果并不十分明显，减少重新犯罪总量不到 3%；甚至有研究表明对低风险罪犯提供高强度（intensive）的矫正可能增加罪犯的犯罪行为。但是对于高风险（higher risk）罪犯提供矫正却能够导致重新犯罪的大量减少。加拿大 Bonta 教授在一个研究报告中指出，高风险的罪犯没有提供相应的高强度矫正重新犯罪率超过 51%，而若提供相应的高强度矫正重新犯罪率将减少几乎一半，仅为 32%。[①]

所以，从此角度来看，以罪犯再犯罪风险评估为导向的罪犯分类和监狱分类是扩大罪犯自治权的基础和技术性条件。应当扩大那些没有再犯罪风险的罪犯在狱内的改造自治权，而相应地限制那些再犯罪风险较高的罪犯的狱内改造自治权。在美国，再犯罪风险程度较低的罪犯法律规定关押在低度警戒监狱。低度警戒监狱通常较高度警戒监狱赋予了罪犯更多的自治权，监狱为罪犯提高了非常多的矫正方案，诸如职业培训、文化教育、心理矫治、工作释放、学

① James Bonta & D. A. Andrews, *Risk – Need – Responsivity Model for Offender Assessment and Rehabilitation*, Public Safety Canada report 2007.

习释放等方案，有的还提供家庭会见，罪犯可以和家庭成员在一起。[①] 甚至有的开放式监狱环境与设施外的监狱的环境没有区别，罪犯可以享有较大的活动自由和对矫正方案选择的权力，改造的自治权较大。而在最高警戒监狱，监狱的管理十分严格，罪犯受到全方位、不间断地监视，罪犯改造的自治权十分有限，惩罚机能的发挥较低度警戒监狱十分明显。在以后的新建监狱中，我们可以借鉴此类的监狱和罪犯分类法，把那些再犯罪风险较低，管理难度较小的罪犯关押在监管与处遇较为开放的监狱中，扩大那些罪犯的改造自治权，使得惩罚机能发挥的负面效果降低到最小，使其监狱化和犯罪化风险降低，从而真正地实现刑罚的效益。

2. 监狱法中明确罪犯改造自治权的大致内容。在理论上明确了对哪些罪犯可以扩大其改造的自治权后，我们就应当确定监狱法在哪些方面可以扩大罪犯的改造自治权。从有利于罪犯再社会化出发，依据对罪犯再犯罪风险评估的结果，对再犯罪风险程度高的应当坚持以严格管理为主，并在警戒程度较高、监管力度较大的监狱中改造，而对那些再犯罪风险程度较低，则可以考虑在下列方面加大其改造自治权。

一是以队列训练、内务卫生为主的军事化管理方面可以弱化。如前所述，军事化管理或者半军事化管理在罪犯的日常改造行为过程中的改造作用并不明显，特别是对那些没有再犯罪风险的罪犯甚至可能产生负面作用。军事化管理在我们国家的监狱系统中被广泛运用，不管是男监还是女监，也不管是成年犯监狱还是未成年犯监狱，其在监管改造中的作用无法替代。对于罪犯个体而言，自其跨入监狱的第一天起，其就要接受队列训练、内务整理等。在军事化管理中，作为被改造的对象，罪犯必须无条件地接受，并被视为踏

---

① James A Inciardi, *Criminal Justice*, Harcourt Brace College Publishers, 1999, p. 452.

实改造的具体体现。但笔者认为，既然依据相关的调研表明，这种对于提高改造质量并没有多大效果的改造手段，还不如在一定程度上弱化军事化管理的强度，活跃狱内的改造气氛。鉴于此，应当弱化军事化管理在罪犯改造中的地位，并赋予罪犯在此方面的自我管理权，体现罪犯改造的主体自觉性。

二是扩大罪犯在接受教育改造方面的自治权。在任何现代法治国家，都不可能允许监狱放弃对罪犯的改造，只不过教育改造的手段和方法、改造强度等方面存在着巨大差异。人们在忙于谈论改造是否有效的时候，却忘记了一个需要正本清源的事实，即“改造方法”（也就是西方矫正学上所讨论的矫正计划）本身是否科学和有效是个亟待证明的命题。美国学者约瑟夫·罗格斯把矫正计划（即我们国家所谓的改造方法）分为四种情形：第一类是对任何犯罪人都没有效果的矫正计划；第二类是只对一些犯罪人有效果的计划；第三类是对某类犯罪人具有特殊效果的矫正计划；第四类是有些罪犯根本不可能得到改造，即本不是矫正本身的问题。[①] 在我国，所有改造方法都带有极高的强制性，罪犯几乎没有选择的余地。按照约瑟夫·罗格斯把改造方法分为四种的说法，那些对任何罪犯都没有效果的改造方法或者只对一部分人有效果的改造方法，如果强迫另一部分的罪犯去接受，那么改造的效果可能适得其反。所以，对那些再犯罪风险不高的罪犯可以适当考虑放宽改造方案，并且对那些改造表现较好的罪犯允许他们可以适当选择改造方案。比如，在罪犯的休息期间，允许这些罪犯对娱乐项目、文化学习项目、职业技术培训、会见次数的自主选择。扩大罪犯在这些教育改造项目方面的自主选择权，就意味着这些罪犯可以选择教育改造项目的内容和方式，甚至可以不参与某些方面的教育改造项目。比如，有些罪

---

① G Larry, *Essentials of Corrections*, Wadsworth Publishing, 2004, p. 17.

犯本身在入狱前就掌握了某些职业技术，而且他们的犯罪与没有正当职业并没有犯因关系，故此类罪犯可以不参加职业技术培训，而且这还不应当影响到该犯在此方面的日常考核。

三是扩大罪犯在生活方面的自我管理权。吴宗宪教授认为，大多数罪犯和普通的守法者一样，都具有亲社会性。对于在服刑中的罪犯而言，由于环境和境域的影响，他们的一些基本精神需要特别强烈。[①] 对于绝大部分罪犯而言，罪犯的基本精神需要主要体现在人格尊严被尊重、建立正常人际关系交往等方面。就具有亲社会性的罪犯而言，监狱不仅应当考虑他们的基本精神需要，还应当推动他们在监狱环境中的自我管理。美国犯罪心理学家 Eysenck 和 Akers 在研究中都认为，再社会化方案（resocialization programs）都应该得到积极的强化，而不应该是惩罚，以便切入亲社会的行为。并且这些罪犯都应该集中在增强社会、学习和职业技能方面的能力，以使这些个体强化亲社会行为而不是反社会行为。[②] 当前我国罪犯的生活场景几乎完全和社会隔绝，造成了监狱的绝对封闭，罪犯建立亲社会行为的硬性条件几乎不存在。所以，在监狱内模拟一定程度的社会化生活场景（如近年来我们国家监狱系统兴起的亲情会见、公用电话设施、商品超市、体育设施、绿色网吧等），让罪犯在这些社会化的场景中通过正常的社会化交往，建立起亲社会化的人格，为顺利重回社会在人格与心理上奠定基础。

四是扩大罪犯在日常管理上的自治权。罪犯管理在监狱刑罚执行过程中占据了相当重要的地位，它涵盖了罪犯在监狱服刑过程中所有的方面，包括劳动改造、监管改造、教育改造等，它是

---

① 吴宗宪：《罪犯改造论——罪犯改造的犯因性差异理论初探》，中国人民公安大学出版社 2007 年版，第 245 页。

② Clive R. Hollin, *The Essential Handbook of Offender Assessment and Treatment*, John Wiley & Sons Ltd, 2004, p. 51.

监狱实现其自身功能的必要基础。可以说，凡是日常管理好的监狱无论是改造质量还是监管效益都能够取得较好的成绩。但是，当前罪犯管理上监狱警察占据了绝对的支配地位，即便对于不同的罪犯在管理方式和手段上基本千篇一律，一些需要严格管理与一些不需要严格管理的罪犯在管理上不作区分，使得改造质量不佳。在以后的监狱改革中，在低度警戒监狱中，对那些再犯罪风险较低的罪犯日常管理可以考虑扩大其改造的自治权。在西方大部分国家，开放或半开放式监狱中被评为再犯罪风险较低的罪犯自我管理权较大。比如，在英国的D类监狱中，这类监狱实际上为开放式监狱，关押那些信任的、适合在开放式监狱中服刑的罪犯。这类监狱几乎没有什么严密的监管措施，大多只是象征性的栅栏，监狱不会把罪犯严密监管起来，通常罪犯自己管理自己房间的钥匙，罪犯可以参加监狱组织的劳动，也可以每天都到周围的社区中去工作。[①] 虽然我们国家以后监狱的分类改革不可能照搬他国的经验，但至少这种较好的做法可以为我们的改革提供一种有益处的思路。扩大罪犯在日常管理上的自治权，就是要求罪犯在一些诸如生产、生活和学习管理方面扩大其自主管理权。比如，在监舍的生活管理上，可以考虑扩大罪犯自治管理权，监舍的内务卫生完全可以由罪犯自己进行管理和评比。绝大部分的罪犯最终要回归社会，监狱应当扩大罪犯在日常生活管理上的自治能力，以便为罪犯回归社会创造良好条件。

当然，关于在监狱法中如何体现促进罪犯改造自主权的内容，这是问题的关键——到底是以原则性的条款作为监狱法的基本原则在总则中给予规定，还是在监狱法的分则中给予规定，还有待深入分析。

---

① 吴宗宪：《当代西方监狱学》，法律出版社2005年版，第82页。

第二节　监狱法修改模式之选择

在监狱法已经颁布实施二十五年后，社区矫正立法虽还未正式出台，监禁刑与非监禁刑两法并列的刑罚执行模式基本确立，但是这种立法模式是否适合当前中国的刑罚执行实际情况，学界并未达成一致意见。

从我国目前刑事执行的现状来看，刑事执行的主要内容既包括管制、拘役、有期徒刑、无期徒刑、死刑（包括死刑立即执行和死刑缓期二年执行）五种主刑，又包括罚金、剥夺政治权利、没收财产和对外国犯罪人适用的驱逐出境。《监狱法》只规定了对被判处死刑缓期二年执行、无期徒刑、有期徒刑的罪犯执行刑罚，其他刑种的执行则主要由刑事诉讼法及社区矫正法规定。不仅关涉刑事执行的法律体系较为分散，执行的主体也不统一。监禁刑的执行主体为监狱，公安机关以剥夺政治权利为执行主体，社区矫正机构负责对缓刑、管制、假释及暂予监外执行的罪犯执行刑罚，死刑立即执行、罚金刑和没收财产由人民法院负责执行。

如何评价此分散式的刑罚执行模式的利弊得失，只有在考察刑事执行立法的各种模式的优势与缺陷，以及结合我国特有的国情和刑事执行司法现状才能得出哪种立法模式适合我国的结论，进而只有在此基础之上，才能对适合当前监狱刑罚执行的监狱法修改模式进行选择。

一、细则弥补模式

有不少学者认为现行《监狱法》过于抽象和原则，仅仅 78 条已经完全不能适应现代情形下的监狱行刑，监狱法真正成了管监狱的法。持该观点的学者认为，对于大规模修改现行监狱法既不科学也不实际，现行监狱法虽然系原则和抽象，但总体上还是适合我国目前监狱刑罚执行的，如果断然地对监狱法大规模修改，则意味着对原来立法成果的否定。另外，司法部门早在监狱草案的讨论之初就已经有出台《监狱法实施细则》的构想，说明当时就把监狱法实施细则纳入监狱法的法律体系之中，况且司法部现阶段已经在讨论该细则草案。如果放弃这一工作又是对前面成果的无情否定。再者从实施细则的效益成本上分析，尤其值得考量，因为部门性的行政规章具有立法时的简便和灵活性的特点，即使细则将来实施后有什么需要修改的实行起来也较为方便。① 在我们国家，其他很多的部门法都有类似的法典实施草案，如《国家保密法实施细则》《国家安全法实施细则》《食品安全法实施细则》等。但有的学者认为现在即使能够出台《监狱法实施细则》，也不能够完全化解现在刑事执行立法的缺陷性。

首先，《监狱法实施细则》的出台仍无法解决监狱法与上游法的旧有矛盾。二十世纪修订的刑法和刑事诉讼法早于监狱法的制定，三大刑事法关于一些对行刑的具体问题存在着交叉立法、重复立法和冲突立法，这些内在的旧有矛盾是无法通过一个细则所能够解决的。虽然监狱法在其后的两大上游法进行了相应的应时性修改，但在法的整体上仍然无法实现一体化的融洽。从刑事执行立法协调性的原则出发，《监狱法实施细则》虽然修订起来从成本

① 1994年5月，在《监狱法（草案）》基本定型的情况下，司法部监狱局以原先立法小组部分成员为基础，组建“监狱法实施细则起草小组”，着手实施细则的调研、论证和起草工作，并于当年年底形成初稿。但在监狱公布实施后，由于某些原因，此项工作实际停止。具体参见王明迪：《〈监狱法〉立法问题与思考》，载《监狱法修改与完善研究——纪念监狱法颁布20年》，法律出版社2015年版，第7页。

效益的角度考量能够节省立法成本，但如果仅从法律经济效益的原则就肯定此种立法模式我们认为不是恰当的选择。因为刑事执行体系在现行的法律框架内不是一部监狱法架构能够承载的，何况仅从一个条例或实施细则来修正。其实此种立法模式早在新中国成立之初，已经形成了。1954 年，中央人民政府颁布实施《劳动改造条例》后，在实行过程中因为条例过于原则和抽象，于是 1962 年又制定实施了《劳动改造管教队工作细则》，随后因为刑法和刑事诉讼法的颁布实施，为了适应新时期监狱工作的需要，又制定了《监狱、劳改队管教工作细则》。从后来实施的情况来看，虽然解决了实践中一些刑事执行中无法可依的难题，但是仍无法从根本上解决刑事执行法治不统一的局面。“实际上即使出台了《监狱法实施细则》，也会由于细则主要是弥补监狱法存在的缺陷，因而它可能会尽可能地被细化、具体化，使其条文数量大大超过监狱法。但监狱法却在很大程度上被架空了，法的威信丧失殆尽，制定监狱法的意义将不存在，而其实施也将会与立法者的初衷相去甚远。”①

其次，出台《监狱法实施细则》无法解决监狱法自身内部的结构性缺陷和内容粗糙的不足。现行监狱法制定于二十世纪九十年代中期，因为那个时代立法思想存在着计划经济时代的浓厚色彩，刑事立法也只是摸着石头过河，没有现在的模式，照搬其他国家的立法框架又不现实，所以包括监狱法在内的其他一些刑事立法本着“宜粗不宜细”的指导思想，为早期的行政命令和刑事政策留下一定的自由度和空间。最终监狱法法典条文相当简单、粗疏，可操作性差。加上二十世纪九十年代中期到现在，包括监狱行刑制度在内的刑事执行制度发生了相当的变化，行刑实践中一些有效的做法只是在实践层面上操作，并无太多的法律依据，而监狱法此时却无能

① 曾小滨、刘宏：《监狱刑罚执行立法分析》，载《中国监狱学刊》2008 年第 1 期。

为力。监狱法的内部结构性缺陷是无法通过细则的制定来解决的。况且监狱法法典中也没有制定细则的法律依据，由此说明只能通过修订或其他立法模式来解决监狱法本身存在的问题。

二、统一刑事执行法模式

此种刑事执行立法模式其实就是在监狱法修订模式基础之上，扩大刑事执行立法内容，完善包括监狱行刑法律在内的刑事执行法律体系。其核心观点就是制定统一的刑事执行法典。

持该观点的论者具体理由如下。

1. 刑事执行一体化理论的成熟研究为制定统一的刑事执行法典提供了必要的理论准备。自从监狱法出台以及刑法和刑事诉讼法修订以后，我国的刑事执行初步做到了有法可依的状态。但刑事执行法理论研究者们并没有停留于原来的理论视角，学者们把研究的视野拓宽到更为广泛的领域，打破了狭义刑事执行立法的框架。特别是刑事一体化研究在中国刑事法领域成为一个新的学术研究空间时，刑事执行一体化的研究创新也走向了另一个高度。早在二十世纪末，学者们就进行了一次专门针对统一刑事执行立法的高层学术研究会，此次研讨会对统一刑事执行立法的必要性、科学性和可以行性进行了较为深入的探讨。学者们一致认为：一是统一刑事执行立法是国家科学、有效地行使国家刑罚权、运用刑罚惩罚犯罪的需要。行刑权是刑罚权的一项基本权能，国家通过行刑权的运用使刑罚得以实施，故而，行刑权被称为现实的刑罚权。行刑、行刑权和行刑机关地位的突出也成为一种世界性的趋势和当代刑法改革的方向之一。因此，进行专门、统一的刑事执行立法，是国家刑罚权分配和运行科学化、完善化的要求。只有这样，才能确保刑罚权的有效运作，才能实现刑罚惩罚和改造犯罪的效益。二是刑事执行立法是我国刑事立法体系进一步科学与完善化的要求。刑事执行法统一，使我国形成以刑事实体、刑事程序法和刑事执行法三项基本部门法，三者的统一实现了对国家刑罚权统一的法律调整，这才意味着我国刑事立法的科学与完善。三是刑事执行立法是刑事司法实践的需要。侦查、起诉、审判实现了依法确定刑罚的目标，为刑罚的实际实施提供了前提和准确性、合法性保障；执行担负着刑罚的实际实施的重要任务，具有根本性的实践意义，目前的立法状况不能适应实践及其发展的要求。因此，对同一性质的社会关系和实践活动的刑事执行，应当实行专门、统一的刑事执行法律调整，形成相对统一、完整的刑事执行机关主体和刑事执行法。①

2. 刑事法制建设特别是刑事执行法制建设的新发展就为制定统一的刑事执行法典提供了良好的立法条件。自 1979 年刑法颁布以来，我国的刑事法制建设取得了巨大的进步，初步形成了具有中国特色的刑事法律体系，极大程度上保护了社会，促进了人权保障事业的发展。1994 年 12 月 29 日，全国人民代表大会常务委员会通过了监狱法，这不仅标志着我国的罪犯改造工作主要由行政法规调整转变为主要由监狱法律进行调整，同时也使罪犯改造法制建设进入了一个新的发展阶段。随后又出台了一些行政规章，其主要有《监狱提请减刑假释工作程序规定》《监狱教育改造工作规定》《监狱服刑人员行为规范》《司法行政机关行政赔偿、刑事赔偿办法》等。另外，刑法和刑事诉讼法对于监禁刑和非监禁刑的执行也作了相应的规定，最高人民法院、最高人民检察院、公安部和司法部还陆续颁布了一些关于罪犯减刑、假释、财产刑执行、资格刑执行等司法解释和社区矫正的有关规范性法律文件。上述关于规范刑事执行活动的法律法规和规范性法律文件从应然的角度上看的确没有做

---

① 韩玉胜、张绍彦：《刑事执行立法理论研讨会综述》，载《中国法学》1998 年第 5 期。

到法律的体系化和统一性，不利于刑事执行一体化的顺利实现；但是从实然的角度分析，正是这些林林总总散落的法律文件为以后制定统一的刑事执行法典奠定了良好的基础。从立法技术上看，毕其功于一役的法典立法模式因为现实条件和部门利益的因缘制约很难在以前的状态下完成，立法条件的成熟正是诸多要素的具备。中国社会改革开放后的三十多年后发展到现在，从总体来说部门利益和改革的局面形成已大致确立，人们的观念也基本上大致形成，立法能力和容量因为技术性的积累整体已经具备制定了一部统一刑事执行法典的技术性条件。

另外，当代中国社会的刑事法制建设新发展取得的巨大成就也要求制定统一的刑事执行法典。事物的量变积累到了一定的程度必然引起新的质变。监狱行刑的法治化和科学化已经达到了一定的发展程度，监禁刑的执行占有量为刑罚执行总量的95%以上，这为刑事执行一体化和制定统一的刑事执行法典提供了先决的条件。其他的非监禁刑执行工作的法制化建设因为实践经验的积累也为刑事执行立法工作提供了必要的条件。立法属于一项人类非常理性的社会活动，是社会历史范畴的，也意味着具有社会历史阶段发展的特性，当一定阶段的活动已经为下一个阶段的发展具备了力量，那么就应该去考虑理性意义上的更高水平的立法。但事实上，刑事执行立法对社会的变革与进程敏感度较刑法和刑事诉讼法立法相差甚远。行刑法制的进一步发展需要为更高层次的立法提供新的历史机遇，统一的刑事执行法典正是法制发展的必然要求，同时也为其创造了条件。

3. 有些国家率先制定的统一刑事执行法典为我国的刑事执行立法提供了立法范例。从世界范围内总体来看，虽然大部分国家还没有制定统一的刑事执行法典，但是统一行刑法律已经成为一种行刑趋势。“整个二十世纪八十年代，欧洲决策者们更加实用主义化与奉行经济节俭原则。1986 年，欧洲理事会发表了‘以监禁刑的替代措施’为题的报告，该报告指出：从当前财政经济状况来看，寻求监禁刑的替代措施是十分必要的。与监禁刑有关的经济花费增长速度实在太快，致使经济情势在诸多方面成为制订刑事政策发展计划的决定性因缘。很多欧洲国家都在为刑事司法机器过度花费了税收和监狱收容能力极度短缺而头疼。为了克服刑事司法制度中存在的问题，欧洲各国分别采取了相应措施。正是在此背景上，现行丹麦刑法和刑事执行法在推行非监禁刑和行刑社会化方面作出了积极反应。”① 正是在此监禁刑的替代措施和非监禁刑的广泛运用的背景下，非监禁刑的执行对象在数量上迅速上升，使得非监禁刑的行刑地位大大提高，丹麦的刑事执行法典正是基于此而制定的。从该法典的规范的对象来看，包括监禁刑、缓刑、罚金刑、社会服务刑、安全临护等，意味着所有的刑事执行法律关系都被纳入该法典的调整范围之中。另外，俄罗斯于 1996 年颁布了统一的刑事执行法典，将法院裁判的刑事处罚的执行全部纳入法典之中，实现了刑事执行立法的规范化和系统化。俄罗斯已建立了与刑法法典规定的 13 种刑罚方式相匹配的 16 种行刑机构，各机构间既相互独立又可使被执行的刑罚相互转换，为刑事执行法典的有效实施提供了条件。“特别是法院不再负责死刑、罚金刑和没收财产的执行，而是专司审判职责，无疑会促使法院能更好地行使审判权。限制自由刑、拘役刑的执行和缓刑的监督由专门的刑事机构负责，不再由侦查机关兼职，既减轻侦查机关的负重，也有利于侦查权的高效行使，这一改革思路值得我们借鉴。”② 法律作为文化与文明的重要组成部分，具有文化的共同属性。“在所有文化发达的国家里，现

---

① 谢望原：《〈丹麦刑法典与刑事执行法〉之序言——丹麦刑法法典与刑事执行法的历史演变与四大特色及其对中国启示》，北京大学出版社 2005 年版，第 19 页。

② 徐景星、刘志军：《刑事执行一体化的思考》，载《中国监狱学刊》2005 年第 6 期。

代立法的工作可能都是这样的：在进行一项比较重要的立法工作之前，就外国对有关问题的规定及其在实践中经受考验的情况进行详细法律比较研究。”① 刑事执行法作为一个部门法，当然也具有法律的继承性和共同性，继承性是指对本国历史上的刑事执行立法史梳理而找出具有理性的适用新法的特征，而共同性是移植的必要条件。从上述两个国家制定统一的刑事执行法典说明我国制定统一的刑事执行法典是可行的。

但是，我们认为，鉴于当前的中国刑罚执行历史传统与实践，从行刑效益与科学化的原则出发，我国更适合走分散的刑事执行立法模式。主要观点如下。

制定统一的刑事执行法没有现实必要性和可能性，只要在相应的法律框架内完善相应的刑事法律规范就可以做到刑事执行有法可依的状态。有论者认为完善我国行刑立法需要解决的关键问题不在于尽快制定统一的刑事执行法典。在刑事一体化口号下主张制定刑事执行法典从某种程度上而言是对刑事一体化的误解，目前的刑事执行活动混乱、效率不高并非行刑规范的设置问题，而是行刑体制不顺所致，应追求的不是一种立法外在形式，更应注重立法的社会反应。

1. 刑事一体化并不必然要求制定统一的刑事执行法典，应追求一体化的实质内容而无须顾及一体化的外在形式。如果分散式立法也能使刑事法运行畅通，就应该否认其一体化的效果。分散式的立法运行机制即实质的刑事一体化也能解决行刑中的实践问题。我们认为在刑事执行的司法实践中，并非因为分散式的刑事执行机制而是其他非监禁刑的执行机制基本上处于空位而使行刑效果大打折扣。统一的刑事执行立法模式表面上符合刑事一体化，实际上并不

① ［德］科殷：《法哲学》，林荣远译，华夏出版社2002版，第113页。

是刑事一体化的实质体现。形式上的刑事一体化虽然看起来被统一执行，但实质上因为统一刑事执行法典并没有在执行的权利义务上给予法条上的整合，使得分散式执行的模式并不能真正地有机统一起来。因为历史与传统的关系，要把所有刑罚统一归至一个刑罚执行机构，不但要对所有的当前的刑事司法系统进行一次大的利益切割，而且在机制上也不可能实现协调与统一。比如，对资格刑与死刑、财产刑都要归口到一个刑罚执行机构执行，在机制与效益上还不如当前的模式。

随着这十多年的刑事执行法理论的发展，理论界和实务界对制定统一的刑事执行法典有了进一步的理性认识，在前些年出版的专著、教材和大量的论文中，有些认为制定统一的刑事执行法典具有现实的必要性。但是，专家学者们对刑事执行法典制定的观点并没有成为一种主流。特别是在近年来刑法与刑事诉讼法各自在法条中规定了社区矫正制度以后，我们国家正在加紧制定社区矫正法，可以预见的是，二元的刑事执行立法模式正在形成，而那些死刑、资格刑与财产刑在法律程序方面的问题在刑事诉讼法基本可以涵盖。

需要指出的是，刑事一体化不代表在制定模式上采取统一的法典，但并不意味着在监狱法与其上游法在立法论上采取科学的刑事一体化主义。刑事一体化更多意义上是在方法论上成立，即我们在研究犯罪理论、犯罪论、刑罚论以及行刑理论应当坚持整体性的理念，而非在研究某个具体问题上仅单纯地着眼于该具体问题的研究领域。所以刑事一体化理论与制定统一的刑事执行法典的理念并无绝对关系。

2. 目前，大多数国家并没有采取统一刑事执行法典的立法模式。世界上大多数国家并没有制定统一式的刑事执行法典，当然这也并非我们国家制定统一的法典的绝对理由。一些国家如俄罗斯、丹麦统一了刑事执行法典，但我们必须考察这些国家的立法背景与我们的法制背景的差异。一个国家是否要制定统一的刑事执行法典，这不仅由当前刑事执行的现状决定，还应当受到历史与传统的影响。自新中国成立以后，监禁刑与非监禁刑的执行一直分散由不同的执行主体承担，同样，规范这些不同性质的刑罚种类也由不同的法规范涵养。我们不得不承认的是，这种多头分散式的执行及立法模式的确具有很多的不足，容易造成执行机制的脱节，特别是对于非监禁刑的执行理论与实务界批评较多。但是及至现在，社区矫正制度的渐趋成型，并且随着社区矫正制度立法的完善，非监禁刑原先分散式执行的弊端基本可以得到解决。而财产刑的执行因为在程序与实体的内容并不复杂，当前刑法与刑事诉讼法中关于财产刑的规定基本可以涵盖。只是因在执行实践中存在着诸多的困难，并且根据当前中国的刑事司法实践，由人民法院判决后并执行，更具有司法的权威性。因此财产刑既没有必要统一到刑事执行法典中，也没有交由与监禁刑执行的统一机构的可行性和必要性。

刑事执行问题本来就是从立法到执行、从静态到动态的过程，再统一的监狱法典也不能完全解决执行实践中的全部问题。我们想强调的是法律制定毫无疑问应当根据当时调整社会关系的状况来决定，而且应该考虑到当时的社会环境、政治条件和经济水平，法律如果过度超前，那么法律就会虚置。虽然国家相关部门对于刑事执行的规定采取分散模式，但这种分散式也只是相对的。如前所述，监禁刑与非监禁刑的立法我们已经制定或正在制定专门的法律，监狱行刑法为主干的多元立法模式一直是我国的历史传统习惯。至于统一意味着封闭，分散意味着开放则完全没有理由成立。“法律中的许多变化都是缓慢而又渐进发生的。这些变化往往局限于法律制度的一些特殊方面，或局限于一个特定框架中的具体问题，法律秩序中受到影响的部分会在某种程度上发生变化，而其原有结构的大部分则保持不变。大多数法律改革都具有非整体观念或不完全性质，即稳定与变化在法律生活中走向互相联结和互相渗透。”① 统一性的刑事执行法典并非那种革命式的完全突变，我们国家总体上来说行刑做到了有法可依，其框架式主要以监狱法、社区矫正法为主体，即使没有把财产刑的执行纳入进来，也不会造成封闭，相对稳定是法律的本体性特点。

3. 我国现有行刑理论及立法技术还不足以支撑制定一部统一的刑事执行法典。一部法典不仅是该部门法规范的总成，还是该部门法理论的总成。在实在法方面，法的制度与一种现存的、保证它的适用的、社会的权力结合在一起。实在法的形成从根本上被理解为自觉的创造，在业已形成的法律理论里，各种观点被概括在形式的法律渊源的理论里。一般来说，法律生活的三种现象首当其冲，受到在某些特定权力的载体身上对立法权力实行垄断的冲击，这三种现象在某种程度上发达的法的体系里都相当有力地令人察觉到习惯法、司法和法的学说。② 在实在法的形成过程中，对其制约的法学理论更容易引起立法者的重视，当然，这并非法的理论的自身显得多么重要，更在于当司法官在创造法的过程中，难免会不自觉地运用适合自身判断力的相应法的学说来寻找依据。因为法官本身在自司法裁判思维形成之前，就是法的理论对其思维的客观形成起了至关重要的作用，所以法学理论在法的形成过程中具有相当重要的作用。同理，刑事执行理论在立法中同样应当具有重大的指导作用。但是，众所周知，刑事执行理论在我们国家的研究状况与其他的刑事法学理论相比要滞后很多。无论在研究对象还是在研究范式上，我们的研究水平还不足以支撑制定一部统一的刑事执行法典。即便早已经实践多年的社区矫正制度，也仅依靠早在多年前司法部的相

① [美] E. 博登海默著:《法理学——法律哲学与法律方法》，邓正来译，中国政法大学出版社 2004 年版，第 339 页。
② [德] 科殷著:《法哲学》，林荣远译，华夏出版社 2002 年版，第 182 ~ 183 页。

关通知或文件为制度依据。也正因为我们当前的社区矫正理论与实践水平都不高，在各项制度性基础还在摸索之际，理论的研究也未能走在制度实验之前。所以，当我们在制定一部社区矫正法还在摸索之际，却要制定一部涵盖所有的刑罚执行制度的统一法典，这无论在立法水平还是在立法制度实践基础都缺乏依托。统一的刑事执行法典从长远看，还可能产生负效应，因为统一式的行刑规范意味着封闭，而分散式的行刑规范模式则代表着开放。①

到底分散式立法模式抑或统一式立法模式是否适合当前的刑事执行司法实践，是仁者见仁智者见智的问题，但上述论我们关于否定制定统一刑事执行法典的理由，可谓与统一刑事执行法典的观点针锋相对，并且是有力的观点。

三、法典修订模式

有些学者认为既然监狱法法典自身存在着重大的缺陷，那么只有通过法律的修改来完善，此种姑且称之为修订模式。法的修改是立法主体对现行法实施变动，使其呈现面貌的专门立法活动，法的修改任务在于对现行法的内容加以修缮改动，通过这种活动使法臻于立法主体预期达到的状况。法之所以要进行修改主要在于：一是法以调整社会关系和适合社会关系的需要为使命，当现行法调整的社会关系发生重要变化时，对调整这种社会关系的法加以修改和补充，使其适应变化了的需要，就是必要的；二是由于立法当时考虑不周，现行法律具有不科学之处，这种不科学势必难以执行、适用和遵守，因而有必要加以修改；三是一个重要的新法出现或重要的法被修改了，也会引起或可能引起对另外一些法的

① 余诤：《刑事执行立法的一元模式和多元模式》，载《中国监狱学刊》2004 年第 3 期。

修改或补充。[①] 从法的修改原因论证结合监狱法的现状，得出监狱法进行大的调整和修改是必要的。但有学者认为这种立法模式基本上还是监狱法基本模式，认为："制定统一的刑事执行法法典是远水解不了近渴，制定《刑事执行法》只上目前一个研讨的课题，并没有将其付诸实施的意向，况且法律的制定需要考虑多种因素，而且一部法律的出台需要经过很长一段时间，因此我们不能寄希望于《刑事执行法》。唯有充实与完善《监狱法》才是一条可行之道，通过《监狱法》的修改，使《监狱法》能符合监狱工作的发展要求，促进我国监狱工作的规范化、法制化和科学化。"[②] 应当说上述观点是有道理的，自监狱法颁布实施以来，我们国家的监狱刑罚执行工作发生了巨大的变化，监狱体制改革已经全面展开，并已经取得初步成效；监狱布局调整与监狱设置改革也已全面启动；监狱工作"三化建设"日益引向深入，特别是法制化建设是置于"三化建设"的首位。罪犯权利保障观念日益深入人心，和谐社会和以人为本的理念在罪犯改造中全面得以体现，实践中大量以前不敢涉及的更为人道化的罪犯处遇也广为运用，并取得了良好的社会效果和改造效果。但是实质上正如前所述，上述具体做法并没有多少的法律依据，造成了在实践中反对声不少，在执行过程中形成了一定的阻碍。

但是，我们认为关于修改模式的确能够解决当前监狱法存在的问题，包括在根本上解决前述所说的监狱法的外部不协调和内部的缺陷问题。如果从长远的立法前景考虑，短视的立法思路总是困扰着过去的中国刑事立法，如果不具备理性立法和适当超前立法思路，又会使我国的监狱法成为监狱刑罚执行工作的一大不可避免的

---

① 周旺生：《立法学教程》，北京大学出版社2006年版，第536页。

② 曾小滨、刘宏：《监狱刑罚执行立法分析》，载《中国监狱学刊》2008年第1期。

阻碍。制定统一完备的刑事执行法典只是一个研讨的课题，而当务之急是在行刑法治化、科学化和社会化的大背景下如何启动对监狱法的修改。我们在此处想要表达的观点是，监狱法的修改模式之所以不适合前述统一的刑事执行法典以及监狱法的实施细则模式，在于我们主张的模式并非 2012 年那种应时性的小修改，而是一种在监狱行刑改革背景下的对监狱法进行大的修改，并且是制度性需求的大修改。

第三章 监狱法内在立法缺陷与完善

监狱法的制定始于二十世纪八十年代中期，其间经历了近十年之久，但是在颁布实施之际，监狱法在监狱行刑实践中存在难以克服的问题，从形式到内容，从内部到外部都被认为存在着不少问题。监狱法自颁布实施以来，虽然宣告了监狱依法治监的开端，但在监狱行刑的实践中，监狱法在对监狱的惩罚与改造的具体制度的规范作用在理论与实务界饱受垢病。即便如此，20多年来，面对监狱行刑理论与实践的重大进步，以及监狱行刑法治水平不断提高的情势，监狱法面对此仍然“无动于衷”。不仅如此，由于2012年的监狱法修订在某种程度上缓解了监狱法与刑法、刑事诉讼法的冲突，更增加了监狱法修改的“惰性”。但是，要指出这种修改“惰性”的基础即在于对监狱法内在的缺陷进行科学分析，否则只会徒增“人云亦云之口实”。鉴于此，本章将对监狱法的内在缺陷进行深入分析，并以此提出相应修改意见。

第一节 关于监狱法法典名称的缺陷与科学定位

我们在讨论监狱法的立法缺陷之前，应当对“监狱法”的这一名称进行深入分析，看此种立法模式是否科学，只有这样我们才能对监狱法的修改进行准确定位。国家刑罚权在运行过程中因为各个阶段的机能与目的的不同而被划分为四个阶段，即制刑权、求刑权、量刑权以及行刑权。除了制刑权是国家权力机关即立法机关所拥有，其他三权分别为检察机关、法院以及监狱（或社区矫正机关及其他刑罚执行机关）行使。制刑权的产物是刑法，求刑权、量刑权依据的法律为刑法和刑事诉讼法，监狱刑罚执行的依据为刑事执行法。刑法和刑事诉讼法分别作为实体法和程序法，通常被认为是刑事法律，是属于全国人民代表大会通过的基本法律。但对于监狱法的性质，理论界的意见并不统一。因此，要检验"监狱法"这一名称是否科学，我们首先要对其法律的性质进行界定。

一、监狱法的性质界定

我们在界定监狱法的性质时至少应当先界定三个问题：一是监狱法是刑事法的部门还是行政法的部门；二是监狱法是属于实体法还是属于程序法；三是监狱法相较于刑法和刑事诉讼法的位阶是什么。

（一）关于监狱法是刑事法的部门还是行政法的部门

2011 年，国务院新闻办公室对外发表《中国特色社会主义法律体系》白皮书，宣布截至 2011 年，我国涵盖社会关系各个方面的法律部门已经齐全，各个法律部门中基本的、主要的法律已经制定，法律体系内部总体做到科学和谐统一，中国特色社会主义法律体系已经形成。中国特色的社会主义法律体系以宪法为统帅，以法律为主干，以行政法规、地方性法规为重要组成部分，由宪法相关法、民法商法、行政法、经济法、社会法、刑法、诉讼与非诉讼程序法等多个法律部门组成的有机统一整体。但是，在我国法律部门划分的国家级白皮书中，并没有明确监狱法在部门法中的地位，由此产生了一个问题，监狱法到底是刑事法的部门还是行政法的部门。有人可能会认为，监狱法到底归口哪个法律部门对于监狱法立法并不会产生任何影响。笔者认为，对监狱法归口到哪个法律部门具有重要意义，因为只有把监狱法的部门搞清楚，才可能把监狱法的调整对象与监狱法基本内容的类型与性质界定清楚，才能最终确定哪些条款能够纳入监狱法中，哪些虽然现在已经是监狱法中的条款，但在性质上并不能确定为监狱法的性质，应当在以后的修改中清除出去。

要清楚界定监狱法归口到哪个法律部门，有两个重要前提：一个是要清楚界定监狱法的调整对象是什么，另一个是这种调整对象的性质是什么。

通常认为，监狱法是关于调整监狱在对罪犯执行惩罚和改造过程中发生的法律规范的总称。按照监狱法的规定，监狱是刑罚执行机关，代表国家对罪犯实施惩罚与改造。这里必须首先界定刑罚执行权的性质。关于刑罚执行权的性质共有四种观点，主要观点及理由如下：

（1）司法权说。张绍彦教授认为行刑在性质定位上属于司法权，监狱对罪犯执行刑罚，是现代行刑活动的核心，行刑权在法律性质上属于司法权的性质，是国家刑罚权的一个有机组成部分，行刑权是刑事司法权的最后一个环节，是刑罚权的实践性环节。[①] 王利荣教授也认为刑罚权的实践形态，是指相对制刑权而言的刑事司法权活动，它包括裁判权和行刑权。[②] 上述认为行刑权是司法权的观点主要理由在于行刑权是国家刑罚权的重要组成部分，是依附于裁判权又具有独立内容的刑罚权的一种权能，而且还具有“刑事司

① 张绍彦：《刑罚权与行刑权的运行机制探析》，载《法学评论》1999 年第 3 期。
② 王利荣：《行刑法律机能研究》，法律出版社 2001 年版，第 207 页。

法”的主要特征。

(2) 行政权说。此种观点站在司法权与行政权的性质区别的观点出发，认为行刑权在权能的运行特征上不具有司法权的一些基本特征，而具有行政权的一些主要特征，所以行刑权的法律地位应当定位于行政权。例如，有学者认为，行刑权的行使过程中虽然有着司法权的因素，但司法权具有被动性、多方参与性、裁判中立性等特征，而行刑权具有主动性、双方性和单方制裁性，所以行刑权在本质上为行政权。①

(3) 司法行政权说。此种观点是司法权说和行政权说的综合说，此说的主要观点认为行刑权既具有行政权的特点，也具有司法权的特点，所以为司法行政权。此观点日益成为有力的观点，其主要的理由包括：一是行刑权直接属性是国家的一种司法权，但是由于行刑活动是一个将法院的判决和裁定交付执行的过程，具有一定的时间持续性，必定涉及对犯罪人的日常生活管理，这时行刑权就具有一定的行政管理的性质，所以行刑权也包含着行政权。② 二是由于监狱在国家机关里的性质根据监狱法的规定为国家刑罚执行机关，归口到国家的司法行政机关的管理，所以监狱的行刑活动就是司法行政活动，行刑权就是司法行政权。三是从方法论看，司法行政权兼顾了司法权和行政权的属性，两者并不冲突。

(4) 刑事行政权说。此种观点认为行刑权在直接属性上属于行政权，但是它又不同于一般的行政权，是一种特殊的行政权，即刑事行政权。例如，邵名正教授认为，刑事执行权直接脱胎于刑事裁判权，通过自身要素的不断整合，具有行刑权的特征；但其与犯罪相关，以国家施加刑事制裁为基本内容，运作结果是对犯罪人的生

---

① 冯殿美、侯艳芳：《刑事执行权及其制约》，载《河南社会科学》2005 年第 1 期。
② 夏宗素：《狱政管理问题研究》，法律出版社 1997 年版，第 68 页。

命和财产的剥夺，所以可以称之为刑事行政权；行刑权除具有鲜明的行政属性外，还突出了国家的刑事权属性，把之认定为刑事行政权，可以较为准确和全面地反映刑事执行权的性质和特征。[①]

上面四种对行刑权定性的观点中，都有其合理性，但有的观点陈述的理由有失偏颇。

关于司法权说，其主张者只是强调监狱行刑权是国家刑罚权的组成部分，而刑罚权又是由刑事立法权和刑事司法权构成的，所以行刑权只能是刑事司法权。确实，行刑权是国家刑罚权的组成部分，但并不代表刑罚权由刑事立法权和刑事司法权两个权能组成。在传统的刑罚理论中，把刑罚权分解成制刑权、求刑权、量刑权和行刑权是对刑罚正当性根据论证而研究出来的成果，制刑权属于立法权，求刑权和量刑权属于司法权也得到通识。但行刑权却并不因为有“刑事”的性质就必须具有司法权的性质，刑事和司法权是可以分开的，如刑事立法权。其次，行刑权在特征上也不具有司法权的特征，司法权的主要任务是对法律事实作出判断及裁判，它的实质就是审判权，具有被动性、中立性和多方参与性的特点，而行刑权无论如何也不具有上述特性。再次，司法权是要解决人们的利益纷争，具有定分止争的功能，而监狱的行刑权是司法权运行后的另一个国家权力的延续，是司法权结束状态后引起另一个国家权力的开始，这个国家权力并不是解决人们的利益纠纷，而是为了对那个解决纠纷后所做的决定的执行。复次，司法权运行的依据是国家制定刑罚后所形成的实体性裁判规则（如刑法、民法、婚姻法及其所形成的司法解释等）以及程序性规则（如刑事诉讼法、民事诉讼法、行政诉讼法等），而行刑权运行过程中所依据的是刑事执行法律法规，如监狱法、监狱法实施细则、罪犯教育改造规定、罪犯改

① 邵名正、于同志：《刑事执行权理性配置》，载《中国监狱学刊》2002 年第 5 期。

造行为规范等。最后，因为司法权解决的是利益纷争，所以司法权机关所要面对的对象是案件中的当事人，而行刑权所面对的对象则是刑事判决或裁定执行的对象，所以两者所要面对的对象也因刑罚权运行阶段的不同而不同。

关于司法行政权说，此说存在最为根本的缺陷就是没有法理的依据。因为在传统国家分权理论说中，立法权、行政权和司法权组成了国家权力的分权体现，行政权和司法权非此即彼，正是因为两个权力体系的界限分明，才在分权体系中需要不同的国家机关分享，以达到互相制衡的目的。该观点认为行刑权作为司法权，但间接的元素里包括有对犯罪人的日常生活管理，所以这种特殊的司法权中又具有行政权的特点，这种观点之所以会出现把两种属性的权力硬扯在一起，根本的还是因为论者先入为主的把行刑权当成了司法权。作为一种实践中具体的国家刑罚权的运行机制，它的主要活动就是如何顺利地实现惩罚机能和改造机能，惩罚和改造机能的实现是惩罚与改造的物化，是实在制度的的具体执行，而这些执行具体制度的包括监管制度、教育制度、劳动制度、生活制度等都不可能与裁判权有关系。需要指出的是对犯罪人的减刑和假释制度它是由两项权能构成的，一项是因为具体的日常考核在监狱行刑中产生，它是属于行刑权；另外一项则是因为减刑和假释的最终属于司法裁判权的范畴，所以它是属于司法权的领域，但它是法院所享有的。另外，该说以作为行刑权的载体的监狱在实践中使归入国家的司法行政机关管理为支持该观点的理由也不能成立，因为我们从监狱领导体制的发展史就可以毫不费力地得出否定结论。我们国家的监狱在二十世纪八十年代之初一直是归公安部管理的，监狱是作为公安机关的一个分管单位，按照上述的权力定位的原则，那在二十世纪八十年代的监狱行刑权就是行政权，因为公安部属于国家的行政部门。

关于刑事行政权说，该说一方面承认行刑权的本质为行政权，但又认为行刑权不是一般的行政权，而是特殊的行政权。笔者认为，该说确实具有一定合理之处，因为该说已经认识到行刑权虽然在地位的认定上应定位于行政权，但因为包括存在的内在根据、运作的最终归宿、运作的手段和内容、依据的法律等都不同于普通的行政权，所以可以称之为“刑事”行政权。其实所持的观点就是行政权说，不能因为监狱法和刑法、刑事诉讼法一起称为刑事法以及行刑权和制刑权、求刑权、量刑权一起构成刑罚权就否定行刑权是行政权的性质。我国的监狱法在1994年颁布前，监狱行刑依据的法律为1954年政务院制定颁布实施的《中华人民共和国劳动改造条例》、1982年由公安部颁布实施的《监狱、劳改队管教工作细则》，这两部法律的性质在法的形式上属于行政法规，包括未来将要实施的《监狱法实施细则》以及现行实施的《监狱教育改造工作规定》《监狱服刑人员行为规范》等也都属于行政法规。所以作为刑事法之一的监狱法并不能否定行刑权属于行政权的理由。对于刑罚权，既包括立法权，也包括司法权，还包括行政权，完整体现了国家刑罚权的合理配置，其中涉及立法机关、公安机关、检察机关、审判机关、监狱等国家机关，这些专门机构分别行使各自的刑罚权，既互相监督，又互相配合，体现了国家的立法权、司法权和行政权的互相分工、互相配合、互相制约的宪政基础和分权的法治精神。

笔者认为，一个国家的国家权力被划分成了立法权、行政权和司法权，而此三项权力又是由众多复杂的部门权力所组成，判断一个部门国家权力的权能性质最终还是得依赖该国的国家制度的整体框架。例如，根据法国的刑事诉讼法的规定，每一个大审法院设有一名或数名法官专门负责判决的执行，称之为刑罚执行法官，该法官有权决定犯罪人的服刑原则和主要方式，如减刑和假释等。另外，以刑罚执行法官、检察官、监狱长为主的刑罚执行委员会，制约法官的决策行为，刑罚执行法官对所有犯罪人的日常监禁生活及行为进行考核。从此处可以看出，法国监狱行刑活动几乎完全依附于司法权，法院的裁判权和监狱的行刑权的界限并不是十分明显，两者构成了司法活动的权力体系，所以监狱行刑权的权能性质可能更适合于司法权的性质界定。

我国的监狱行刑权和西方国家监狱行刑权在与司法权方面有着很大的不同，具有自身的特色。我们国家的监狱与法院或法官的关系，在组织或领导体制上完全属于两个独立的系统，监狱行刑的日常工作完全由监狱及监狱的主管部门负责，对犯罪人平时的惩罚和改造工作完全由监狱系统内部管理。监狱系统由司法部及省政府两级管理，地方政府对监狱的管理由司法厅及监狱管理局行使领导权，特别是监狱管理局对本地区的监狱行刑统一部署工作具有重要的领导责任。法院对监狱行刑的参与只是在减刑和假释过程中，依照监狱提起的建议进行裁判，属于司法权，对监狱具体的行刑工作并没有执行权。至于内部的日常管理，其行政权的性质就更为明显了，监狱警察对犯罪人的考核、奖惩、内务整理、伙食卫生、劳动管理、监规遵守、监狱秩序的维持等都是依据国家赋予的权力进行管理，此种管理是管理人和管理相对人发生关系的，并不像法官站在居中者的裁判立场。所以，笔者还是赞成行刑权属于行政权说，此说既体现了传统的国家分权理论，又体现了刑罚执行权的根本特性，而且把刑罚执行权定位于行政权，在权力的制衡中也能够反映监狱刑罚执行权的定位。①

那么，既然我们界定了刑罚执行权的性质是行政权而非司法权

---

① 刘崇亮：《本体与维度：监狱惩罚机能研究》，中国长安出版社 2012 年版，第 178～180 页。

的性质，那是否就意味着我们国家的监狱刑罚执行法律关系的性质也是行政法的性质呢？这里有两个非常重要且紧密相连的概念我们必须要界定清楚，即监狱刑罚执行法律关系与监狱法律关系的区别，实质上也就是要界定清楚监狱法的调整对象是刑罚执行法律关系还是监狱法律关系。监狱行刑法律关系是关于监狱在调整刑罚执行过程中发生的有关监狱（民警）与罪犯之间的法律关系，监狱对罪犯的管理权属于行政管理的范畴，但不属于司法裁判权的性质。而监狱法律关系的范畴太广，它既可以包括监狱刑事执行法律关系，又可以包括监狱行政管理、组织管理以及生产管理的法律关系，后面的这些法律关系明显属于行政管理的内容，此法律关系明显属于行政法的范畴。

有论者认为，监狱法属于行政法律规范主要是因为监狱法律关系符合行政法律的最主要的特征，包括行政法律关系当事人的一方必须是国家机关或者代表国家行使职权的人，行政法律关系当事人的地位是不平等的，国家行政机关的地位优于相对人，行政法律关系当事人之间通常不能相互约定权利义务，不能自由选择权利和义务等。[①] 笔者认为监狱法律关系的表述方面存在着问题。无论是民事、刑事还是行政法律关系，其能够形成独立的部门法的法律关系最主要是因为这些法律关系性质相同，能够成为这三大法的调整对象。而监狱如何能产生法律关系？正如法院不能称之为法律关系一样，一个国家的刑罚执行机构当然也不能叫作法律关系。监狱只是法律关系中的一个参与主体，只能在刑事执行过程中发生一系列的权利与义务关系，所以规范的称呼应当是监狱行刑法律关系或监狱刑罚执行法律关系。

这里我们就明确了几个基本的问题，一是刑罚执行权是行政

---

① 于世忠：《监狱法是我国行政法律体系的组成部分》，载《行政与法》1996 年第 1 期。

权，二是监狱的法律关系（并非监狱法律关系）中既包括监狱刑罚执行法律关系，又包括监狱行政管理关系。在此基础之上，我们才能准确定位监狱行刑法律关系（即所谓的监狱法律关系）。在《中国特色社会主义法律体系》白皮书中，在七个层次的法的部门中，刑法是单独的一个法的部门，刑事诉讼法属于诉讼法的部门，两部法律在该白皮书中并不属于同一个法的部门。但是白皮书在前文中又明确提出了刑事法律的概念。该白皮书称为完善刑事法律，修订刑法，形成了一部统一的、比较完备的刑法；修改刑事诉讼法，完善了刑事诉讼程序。该白皮书明确把刑法和刑事诉讼法定义为刑事法律。那么什么是刑事法律呢？该白皮书并没有明确其定义。但是根据传统的刑事法理论，刑事法律通常是指规定定罪处刑以及这一过程中应当遵循的程序、犯罪预防与改造的法律规范总称。大谷实教授也间接承认了监狱法属于刑事法律的范畴。大谷实教授认为，日本的刑法和监狱法的制定，对于刑事政策的近代化具有划时代的意义，对于刑事法律与刑事政策的研究具有重要意义。[①] 由此可见，虽然刑罚执行权在法理上定位于行政权，但因为监狱刑罚执行法律关系是关于预防和改造罪犯的法律关系，所以，监狱法应当归口于刑事法律。

（二）关于监狱法是实体法还是程序法

白皮书《中国特色社会主义法律体系》在界定七个法的部门的时候，把诉讼及非诉讼程序法划分为一个法的部门。但是，白皮书并没有把监狱法界定为到底是实体法还是程序法。通常认为实体法是规定公民权利与义务内容或者法律保护具体情况的法律规范的总称，而程序法是指保障实体法实施的应当遵循的程序的法律规范的

① ［日］大谷实著：《刑事政策学》，黎宏译，法律出版社2000年版，第13页。

总称。大陆法系国家通常对实体法与程序法的界定都较为清楚，这也是成文法主义的必然要求。那么，我们国家的监狱法究竟属于实体法还是程序法呢？

首先，监狱法中规定了大量的监狱民警与罪犯的权利与义务，这一点不仅体现在监狱法的总则中，还体现在各项具体的狱政管理制度、教育改造制度和劳动改造制度当中。从监狱法的这一点来看，监狱法当属于实体法的性质。但是，监狱法中还载有大量的非诉讼的程序性法条。在监狱法第三章规定的刑罚执行中，第一节收监，第二节对罪犯提出的申诉、控告、检举，第三节监外执行，第四节减刑、假释，第五节释放和安置，此章无论从内容还是形式上都体现了程序性规定的规范性质。一是从上述五节规定内容的顺序来看，从收监到刑罚执行变更，再到释放和安置，其本身就是按照刑罚执行的程序进行有步骤的编撰。这种程序式规定并非属于实体性权利或义务，而是罪犯在接受刑罚执行机关的刑罚执行时应当遵循时间和空间的步骤。二是第三章中的五节里面的内容本身也是程序性的内容。比如，第一节关于罪犯收监的规定。第 15 条详细规定了人民法院作为判决机关，公安机关作为羁押机关在将罪犯押送刑罚执行机关应当遵循的事务性以及期间性规定。接着第 16 条、第 17 条、第 18 条又较为详细地规定了监狱作为罪犯的刑罚执行机构在接受罪犯入监时应当严格遵循的程序性规定，包括罪犯档案和文书的规定，监狱对罪犯的身体检查的规定，监狱对罪犯的物品检查的规定，而从罪犯入监内容的顺序来看，其本身就是步骤性内容。

不仅第三章的内容呈现程序法的属性，后面的有关章节也仍然表现为程序性的性质。比如，第四章第 60 条之规定，该条规定对罪犯在监狱内犯罪的案件，由监狱进行侦查，侦查终结后，写出起诉意见书，连同案卷材料、证据一并移送人民检察院。该条不仅表现为程序法的属性，还属于诉讼性程序法的内容。故整体上来看，监狱法的很多条款又具有程序法的规定。其实，从法的属性来看，刑罚执行法包括社区矫正法，既区别于刑法的定罪量刑，又区别于刑事诉讼法纯诉讼的程序性规定，它从整体上看既有大量规定监狱与罪犯的实体性的权利与义务，又在本法中规定了一些保障这些实体权利和义务顺利实现的程序性规定。

其他国家的监狱行刑法同样也既有实体法的内容，也有属于程序法的规定。以丹麦的刑事执行法为例，该法同样包括大量罪犯的权利和义务之规定，违反监狱行政管理的处罚情况，还设置了大量的刑罚执行中执行机关和罪犯应当遵守的程序性规定。比如，该法第四章规定的“处罚执行开始”，其中的第 8 条和第 9 条规定了监狱刑执行时执行机关和罪犯都应当遵守的关于执行开始时生效的期间和程序性条件。

所以，从总体上看，作为刑事法律的监狱法，从主体属性上看表现为实体法，但又表现为程序法，可谓实体与程序兼而有之。

（三）关于监狱法的位阶

因为系全国人民代表大会常务委员会批准通过，监狱法在我们国家法律体系中系法律层次没有疑问，但是成为问题的是，监狱法相较于刑法和刑事诉讼法的位阶如何？是与这两部法律处于同一位阶，还是位阶低一层次？实务与理论界都存在着不同的认识。但此问题又极为重要，因为只有准确定位三部法律的位阶与效力，才能在未来监狱法的修改中遵循下位法与上位法条款发生冲突或不衔接时的处理原则。

赞成监狱法位阶低于刑法和刑事诉讼法的主要理由系我国立法法第 7 条关于立法权限的规定。《立法法》第 7 条规定：“全国人民代表大会和全国人民代表大会常务委员会行使国家立法权。全国人民代表大会制定和修改刑事、民事、国家机构的和其他的基本法律。全国人民代表大会常务委员会制定和修改除应当由全国人民代表大会制定的法律以外的其他法律；在全国人民代表大会闭会期间，对全国人民代表大会制定的法律进行部分补充和修改，但是不得同该法律的基本原则相抵触。”肯定论认为根据此条的规定，刑法和刑事诉讼法系全国人民代表大会制定的“基本法律”，而监狱法则是全国人民代表大会常务委员会制定的“其他法律”，因此从立法的主体来看，全国人民代表大会在位阶上高于其常务委员会，显然“其他法律”在位阶上应当低于“基本法律”。否定论则认为，根据立法理论中关于“下位法规范是上位法规范的具体化和个别化”的观点，监狱法与刑法、刑事诉讼法都是同一层次位阶的法律。因为按照刑法、刑事诉讼法和《监狱法》第 1 条之规定，三部法律的制定依据都是根本法——宪法，“一母所生，何来上下?”并且没有法律明确规定刑法和刑事诉讼法是监狱法的上位法。①

笔者持肯定论。理由如下：第一，制定主体反映法的位阶和效力是立法论的必然结论。在我们国家的法律体系中，之所以能够区分法的层次，首先就在于制定法的主体不同。“法律”的位阶之所以高于国务院制定的行政法规，其根本在于全国人民代表大会及其常务委员会在国家政治生活中高于国务院。同样，全国人民代表大会在国家政治生活中也要高于常务委员会，因为按照宪法规定，全国人民代表大会常务委员会是全国人大的常设机关，是最高权力机关的重要组成部分，常务委员会的组成人员，是由全国人民代表大会从其代表中选举产生，常务委员会对代表大会负责并报告工作，

① 席逢遥：《〈监狱法〉20 年修改完善研究综述》，载高贞主编：《监狱法修改与完善研究——纪念监狱法颁布 20 年》，法律出版社 2015 年版，第 61 页。

受它监督。① 所以，既然刑法和刑事诉讼法由全国人民代表大会制定，而监狱法由其常务委员会制定，按照制定主体的效力分层，刑法和刑事诉讼法是监狱法的上位法符合宪法和立法法的规定。第二，根据法律位阶理论，下位是上位法的具体化和个别化，上位法是下位法的制定依据，该立法性原则也历来为我们国家制定法律的基本准则。至于刑法、刑事诉讼法和《监狱法》第1条都明确规定“根据宪法，制定本法”，这并不意味着监狱法的位阶与另外两部法律同等，也并不意味着监狱法是根据宪法制定，就否定刑法和刑事诉讼法是监狱法的制定依据。刑法和刑事诉讼法对罪犯减刑制度、假释制度、社区矫正制度、暂予监外执行制度进行了明确规定，而监狱法和社区矫正法正是根据上述规定对各项制度的执行内容进行了规定。刑事和刑事诉讼法两部法律对上述刑罚执行制度只是原则性的规定，具体的操作性规定的内容基本由监狱法所承担。为此，正是由于监狱法在法的位阶上低于刑法和刑事诉讼法，才导致刑法和刑事诉讼法修改后监狱法在2012年的应时性修改。

二、“监狱法”名称之界定

每一部法律都有适合自身调整对象的名称，它规范着本部门的所有法律关系的运行边界，对于确定法典内容、体系和立法目的具有重要的意义。法的名称作为法内部结构的第一层次，它的科学化、完善化对立法、司法和守法以及法学研究都有重要意义。法的名称科学，立法者在立法时容易明确将要立法的对象有什么样的效力等级、性质和内容，有利于对法进行法的分类、清理和其他法的

① 载中国人大网，网址：http://www.npc.gov.cn/npc/rdgl/rdzd/2000-11/30/content_8650.htm，访问日期：2016年8月10日。

系统化工作。另外，法的名称科学，司法者和守法者通过名称便能了解法的性质、内容和效力等级，从而了解法和自己的司法业务或日常工作、日常生活有什么关系，使自己在司法和守法过程中避免盲目性、增强自觉性。①

自二十世纪八十年代中期监狱法的起草被列入国务院立法规划开始，司法部成立了“劳改法起草小组”。这就意味着监狱法在起草之初，人们对制定这部法律的名称有着不同的认识。对监狱法的名称的分歧大体分为两个阵营，一个是劳动改造法，另一个是监狱法。坚持劳动改造法之名称的一方认为我们国家一直沿用“劳动改造”的提法，从劳动改造机关到实践中的对罪犯的劳动改造，以及《劳动改造条例》，“劳动改造法”的称呼既保持了历史的传统，又体现了经济性立法原则，不需要对劳动改造条例进行根本上的修订。主张使用“监狱法”名称的一方，认为一方面能够体现监狱的威慑力量，另一方面考虑到劳动改造很难全面概括监狱的工作，而使用监狱法基本和国际的使用惯例相适应。

随着我们对监狱法学的研究不断深入，中国的监狱行刑理论取得了长足进步，但站在当时的角度看那个时期的立法思想，立法者最终接受监狱法而抛弃劳动改造法，反映了当时人们比较先进的立法理念，至少在立法论上开始认识到“劳动改造”在概括监狱工作的内涵与外延上的不足。但是，笔者认为，“监狱法”这一名称仍然欠缺法的名称的科学性。作为对监狱法修改的第一个前提性的基础，法的名称的科学性关涉到本法的内部结构编排、法典条款的增损以及制度的安排。在本节前述我们对监狱法性质分析的基础之上，笔者认为“监狱行刑法”更具有科学性。具体理由如下。

一是“监狱法”无法体现该法的性质。如前所述，监狱法是与

① 周旺生：《立法学教程》，北京大学出版社2006年版，第494页。

刑法、刑事诉讼法一起构成刑事法律体系，以监狱行刑法不但能与刑法、刑事诉讼法在称谓上衔接一致，还与刑罚权的运行机制相吻合。作为社会现象的犯罪，是一种动态的非理性反社会活动，那么作为规制犯罪现象的法律也应当是动态的。刑法作为刑事实体法中的最为主要的法律，它主要解决的是什么是犯罪和处以罪犯什么刑罚；刑事诉讼法作为最主要程序法和证据法，它主要解决的是如何认定犯罪和追诉罪犯；而作为规制犯罪、预防犯罪、矫正罪犯的任务自然就落实在执行层面上了。所以冠之以“监狱行刑法”最能体现本法作为刑罚执行法的性质。

二是“监狱法”无法契合刑罚执行法律关系作为本法调整对象的结论。前文中我们已经述及监狱法律关系与监狱行刑法律关系之间区分，认为监狱法律关系如检察法律关系或者法院法律关系一样，不符合法律关系产生的原理。我们在论及控制和打击犯罪的国家机关总是包括公安机关、检察机关、人民法院以及监狱，而正如归范检察机关的法律关系，不仅包括刑事诉讼过程中发生的法律关系，还包括检察院的组织关系、检察院检察监督过程中发生的监狱法律关系，而若统一称之为检察法律关系恐怕不妥。同样，监狱法律关系也包括监狱行刑法律关系、监狱行政组织法律关系、监狱生产过程中发生的法律关系，一部“监狱法”不可能涵盖监狱工作中发生的全部法律关系。也正是基于此认识，现行监狱法中有本不应该出现的条款却出现，本不应该由监狱法容纳的却由该法所容纳，此种立法的后果就是造成该性质的法条“虚置”。正因如此，现行监狱法才会规定“国家保障监狱改造罪犯所需经费。监狱的人民警察经费、罪犯改造经费、狱政设施经费及其他专项经费，列入国家预算”这样的奇特规定。

而“监狱行刑法”却能够准确反映作为刑罚执行法律关系这一法的调整对象，并能准确反映本法既作为实体法的性质，又作为程序法的性质。因为如前所述，刑罚执行的本质特征一方面有实体法的性质，另一方面又具有程序法的性质。而且在法的位阶上，“监狱行刑法”更与刑法、刑事诉讼法相衔接。

三是以“监狱法”作为名称的国家已经越来越少。在当今世界范围内，以监狱法命名的国家的已经越来越少。在成文法国家中，德国、法国、丹麦、俄罗斯等国都是以冠之以“刑事执行法典”，美国的模范刑法典有关监狱行刑的第三编和第四编则分别以“处遇和矫正”“矫正组织”称之，大致相当于我国的监狱法。值得一提的是日本监狱法的修改。日本《监狱法》颁布实施于 1908 年，在实施了近 100 年后，于 2006 年颁布了《刑事收容设施及被收容者处遇法》，宣告实施了近 100 年的监狱法退出历史舞台。《刑事收容设施及被收容者处遇法》其实质内容包括“刑事设施管理法”和“刑事被收容者处遇法”两个部分，管理法和处遇法的复合特征非常明显。①

从上述可以看出，当代国家的监狱法的名称中大都包括刑事执行、行刑或者处遇、矫正等词语，这也说明了监狱法真正的调整对象只能是在刑罚执行、处遇或矫正过程中发生的法律关系，而笔者所主张的“监狱行刑法”似乎更适合中国监狱法的内容与形式之特征。

第二节　关于监狱法的内部章节结构缺陷与完善

在确定了监狱法的法典名称为“监狱行刑法”后，只有在此基

① 陈海平：《日本监狱法的新发展——〈刑事收容设施及被收容者处遇法〉评介》，载《中国监狱学刊》2008 年第 6 期。

础之上才能在总体上把握监狱法修改的方向。本节将对监狱法内部结构进行分析。一部良法至少应当在内部结构呈现整体统一协调，必须遵循法典应有的结构。监狱法法典至少在内部结构上存在以下缺陷。

一、总则结构之缺陷与完善

通常认为法典的总则是指法律的总纲要，包括该法典的立法依据、法律目的、法律任务、法律原则、适用范围、基本内容的纲领性概要，以及不宜在各章中规定的内容。作为整体法典的总纲，具有对本法典统领和指导各章的功能，并且只有法的总则部分对整部法典的立法倾向、整体框架进行确定，使整体法典在形式上达到协调和美的程度，避免法典各章产生矛盾和冲突。而各章或者分则（有的部门法为分则，如刑法，有的则称为各章）是总则原则和指导思想的具体化。总则与各章总体上的关系为一般与个别、抽象与具体的关系。

同样，监狱法法典作为一部整体法典也应当遵循上述总则与各章的结构原则。我们国家监狱法法典共七章，主要内容实际上为六章，第七章为附则，规定了监狱法的生效时间——本法自公布之日起施行。根据上述总则与分则的界定原则，法典的第一章为总则，而第二章至第六章都为各章之内容。但是，监狱法典总则与各章之间存在着严重的冲突之情形，总则与各章间逻辑关系混乱。监狱法的总则按照法典的通常立法思路，同样应当也包括监狱立法依据、监狱立法目的、监狱行刑的基本原则以及各章不好规定的内容。但是，我们发现法典总则总共才 10 条，而各章不方便规定的内容包括第 8 条、第 9 条和第 10 条。

第 1 条系监狱法的立法目的和制定依据，这条规定符合总则中

第 1 条的立法习惯。第 2 条通常规定为法的基本任务，我们国家的其他两部刑事法律包括刑法和刑事诉讼法都明确规定了两部门法的基本任务。但是，监狱法的第 2 条实际上包含三个内容，即监狱的性质、被执行的对象以及监狱的任务，从立法理论的角度看，监狱的任务与监狱法的任务自然存在着差别。因此，对于第 2 条可以保留，但应当作为未来修改法典的第 3 条，即第 2 条应当规定为监狱法的基本任务。当然，关于监狱法的任务如何表述，还留待日后深入思考。

至于《监狱法》第 8 条、第 9 条和第 10 条，基于本文的“监狱行刑法”的立法思路，笔者认为应当直接将删除。删除的理由就在于立法者当时的立法意图和立法背景。立法者当时认为：“二十年纪九十年代，长期依靠生产收入维持低水平运转的监狱工作发生了很大困难，监狱生产收入严重不足和监狱支出不断增长的矛盾日益突出，一些单位犯人伙食竟靠赊账度日，监狱面临难以为继的困境。为此，当监狱经费等纳入国家保障等内容在收入草案时，就是要求在法律上确立了国家财政保障体制，使监狱工作摆脱困境，使得监狱财政保障上升为法律。”① 关于此三条出台的立法意图，作者后来也承认在中国的众多法律中，一般都不涉及经费问题。笔者认为，如果当时出台三条关于监狱经费与财政是实属无奈的话，那么，在中国政治与经济体制改革多年后的中国，监狱的财政经费问题已经得到解决的背景下，此三条是否还有存在空间的确让人难以信服。一是财政与经费的问题并非监狱行刑过程中调整的法律关系，纳入此三条实属违背立法法的基本法理。二是中国监狱系统的财政与经费保障问题的成功解决，并非归结于此问题写入监狱法，

① 王明迪：《〈监狱法〉立法的回顾与思考》，载高贞主编：《监狱法修改与完善研究——纪念监狱法颁布 20 年》，法律出版社 2015 年版，第 4 页。

而是像中国社会其他体制改革的问题一样依靠自上而下的运用政策等手段解决的。

行文到此，笔者仍然担心在未来的监狱法的修改当中此类问题的发生。有实务部门的专家在对监狱法修改进行论证时指出，未来监狱法的修改应当充分反映监狱体制改革成果，把一些监狱体制改革，监狱布局调整和监狱信息化建设的成果用纳入监狱法中，用“法律的形式巩固改革的成果”。如果未来的监狱法修改仍然沿袭二十世纪八十年代中期监狱法制定时的思路，毫无疑问，“监狱法是一部管监狱的法”的面目仍只会加强，法规范的性质仍然将受到弱化，可操作性仍然将是纸上谈兵。

二、第二章之结构缺陷及完善

第二章总共才四条，其中第 11 条规定了监狱的设置的主管部门，第 12 条规定了监狱内部机构的设置与管理主体，第 13 条规定了监狱管理主体的法律义务，第 14 条规定了九项监狱人民警察禁令。

首先，此章第一个缺陷在于本章仅仅 4 个条文就成为一章。这种现象在最高权力机关制定的法律中极为罕见。当然，并非说法典一定要在条文的数量上达标才能成为独立一章，但是在分章中的第一章显示出该章内容的重要性，否则不会规定在如此重要的法典位置中。比如刑法的分论中就把最重要的法益“国家安全”放在第一章。

其次，第二章冠之以“监狱”似乎“文不对题”。正是“文不对题”，立法者感觉不好对这章内容上抽象起一个明确的概念或范畴，只好用模糊的“监狱”一词弊之，给人一种“突兀”之感。第二章章名之“监狱”，而整部法典名称就称之为“监狱法”，并且第二章“监狱”之“皮里”包括内容之物且杂——如果说第 11 条、第 12 条按照立法者的立法意图可以包含在“监狱”之义中，因为规定监狱的设置、监狱的内部机构的设置和管理主体的界定的确属于“监狱”之范畴，但是第 13 条之监狱民警的法律义务和监狱人民警察的九项禁令，就难免超出“监狱”之涵盖的具体含义了。如果反对者认为监狱管理主体的义务也应当属于“监狱”之范畴，那后面各章的内容都属于第二章之范畴。

鉴上所述，第二章章名与内容实属逻辑错误。造成错误之根本，笔者认为还是在于立法者的对本法所调整对象的认识模糊。我们在前文已经界定了监狱法的法典所调整的对象为“监狱在刑罚执行过程中发生的权利与义务关系”，法典中所能容纳的条款都应当属于调整对象之范畴。但是关于监狱的主管部门、监狱设置的领导机关、监狱内部机构之设置明确属于“监狱组织法”或者“监狱管理法”的范畴，而非属于“监狱行刑法”的范畴。当然广义上的监狱法并非不能把监狱组织或管理关系写入法典，也的确有国家的监狱法典把监狱的管理人员及其机构设置写入了法典，如日本监狱法典。但是，需要明确指出的是，首先日本监狱法并非在各章中规定监狱的组织与管理。该法典形式上分为总则、被收容者等的处遇、补则三编，另有附则，前三编总计 293 条；其实质内容包括“刑事设施管理法”和“刑事被收容者处遇法”两个部分，“管理法和处遇法复合特征非常明显”。总则由通则、刑事设施、留置设施、海上保安留置设施四部分内容组成。通则规定了本法的目的，明确了相关术语的定义；刑事设施、留置设施、海上保安留置设施三个部分在形式上颇为相似，就各自的设立依据、组织结构、工作人员、被收容者分管分押、监督监查机制等内容分别进行了规定。[①]虽然日本监狱法典写入了监狱管理或组织法，但这都是建构在该国

① 陈海平：《日本监狱法的新发展——〈刑事收容设施及被收容者处遇法〉评介》，载《中国监狱学刊》2008 年第 6 期。

法典的名称修改的基础之上——“监狱法”名称被修改为“刑事收容设施及被收容者处遇法”，该法典名称明确把刑事收容设施也纳入法典的基本内容，故导致“管理法与处遇法复合特征非常明显”。

为此，针对第二章形式与内容之面对之窘境，笔者认为应当对该章进行相应的改造。具体思路分为两种：一是把第二章的名称进行修改，以能够把该章的内容全部容纳。参照日本法典的做法，可以把“监狱”修改为“监狱机构及其管理人员”。也有学者建议修改为“监狱及其工作人员”,[①] 但笔者还是持保留意见。因为章名还是出现了“监狱”，工作人员的确能够容纳第13和第14条，但还是无法涵盖第11条和第12条。而“监狱机构”则明确表达了该章的内容应当属于监狱的组织法的性质。而笔者认为第二个思路更优——即把该章整体进行调整。根据该章的内容，立法者若必需纳入监狱法典中，则可以借鉴日本法典调整到法典的总则中去。因为根据前述中关于总则与各章的关系，各章中若根据总则的原则不便列入各章的内容，应当纳入总则中，而我国监狱法的第二章正好属于此种情形。当然，若在未来的监狱法修改中遵循“监狱行刑法”之立法思路，自然可以直接删除，其中内容可以在司法部专门制定的规章中（如监狱组织管理法）给予规定。

三、第三章之结构缺陷与完善

第三章规定了“刑罚的执行”，从学者们当前对监狱法法典的缺陷分析来看，此失调问题可谓被认为是本法典最大的缺陷。翟中东教授与吴宗宪教授都认为刑罚执行的章名与监狱作为刑罚执行机

① 吴宗宪、王虹：《论〈监狱法〉文字表述的修改与完善》，载《法学杂志》2009年第9期。

关相冲突。翟中东教授认为现代自由刑罚的内容之执行，不但包括对罪犯的刑罚执行变更制度（减刑、假释、暂予监外执行等），还应当包括对罪犯的管理、教育、劳动等内容，这也意味着监狱对罪犯的惩罚与改造过程所有能体现对罪犯实施管理、开展教育、组织劳动等活动本身就是执行刑罚。“既然监狱工作就是刑罚执行工作，狱政管理、罪犯教育等内容就不宜与刑罚执行并列。刑罚的执行就不能在法典中单独列一章。单列的结果使人误以为刑罚执行之外还刑罚执行，使人误以为刑罚执行与改造是并列的概念，进而影响对刑罚执行概念的正确理解。”①

第三章名称的缺陷根本原因还是如笔者所表述的关于监狱法的调整对象的准确定位。《监狱法》总则第2条就明确了“监狱国家的刑罚执行机关”，总则中此条不但明确了我国监狱的性质，还在第2款明确表明了监狱行刑的任务就是“对罪犯在监狱内执行刑罚”。不仅监狱行刑法理告诉我们，法典中的条款也明确了监狱的任务是对罪犯执行刑罚。刑罚执行按照字面含义理解就是执行机关把人民法院发生法律效力的判决书的内容依法付诸实施的活动。笔者认为正是立法者根据刑罚执行的表面含义来理解第三章的全部内容的。把发生法律效力的判决书的内容付诸实施按照书面含义，当然包括对罪犯押送时应当遵循的手续及接收所有的法律书面材料，刑罚在执行过程发生的变化（其中包括暂予监外执行、减刑、假释），释放时应当遵循程序等。而总则中第2条规定的“对罪犯在监狱内执行刑罚”也是按照表面含义来理解的，因为立法者在第2条第2款的前半部分的表述为“依照刑法和刑事诉讼法的规定，被判处死刑缓期两年执行、无期徒刑、有期徒刑的罪犯”，此表述想

① 翟中东：《对“刑罚的执行”法律定位的学理思考——兼论我国监狱法典的完善》，载《现代法学》2000年第1期。

表达的意思为——罪犯被判处了刑罚，监狱理所当然就是把此判处的刑罚全部执行而已。

但是，这种表面来理解刑罚执行的含义显然不具有说服力。刑罚执行有着独立于刑罚制定、刑罚量定时自身的总体性目标，即监狱代表国家把刑事判决书付诸实施时，因为监狱有着自己的目标和价值系统，所有的犯罪人在国家按照一定的划分原则被强制进了监禁场所的监狱。这时候，监狱里的犯罪人只有刑期长短的差别，犯罪人的社会危害性、人身危险性、主观恶性、道德素质、社会身份等差别在监狱行刑机关的视野里已经没有本质上的差别。监狱会对被新收押的犯罪人说，你们之前的罪行是你们在入狱前所犯，入监后在我们的眼里你们一律平等，只要老老实实、踏踏实实地改造，所有的改造机会对你们都是平等的。其实，更为准确的说，无论是惩罚机能也好，改造机能也罢，两者统一于监狱刑罚执行的范畴内具有终极意义上的同一性。如同传统规范化的刑罚理论和具有经验性、事实性的改造理论的区别一样，改造机能在某种意义上讲是超越惩罚机能的。改造机能本质上具有超越惩罚的特性，监狱失败论的论调，最早并不是由于改造的无效，而是惩罚的失败引起的变革。改造是以改造犯罪人的弱点和病态人格为表征的，正因为犯罪人通常被预设为具有这样问题或那样问题的社会个体，而惩罚又使“一个坏人变成一个好人”变得极其困难，于是改造就承载了人们的理想。“中国劳动改造思想的根基在于国家主张能够对受刑者进行改造，监狱可以通过形形色色的各种活动，改变受刑者坏的习惯，使罪犯养成遵守法律的意识，强化道德的教养，提高文明的程度，使受刑人刑满之后能够在社会上成为一个守法的自立者。”①

---

① ［日］王云海：《刑务作业的比较研究（中国、美国、日本）》，信山社 2001 年版，第 49 页。

所以，无论如何刑罚执行不仅在表面上把判决书内容付诸实施，更在于惩罚与改造机能实现过程中所有形形色色的活动。因此，第三章的“刑罚的执行”的确与总则存在着失调之缺陷。

对于第三章名称之缺陷，吴宗宪教授认为应当修改为“刑罚执行的程序”。[①] 翟中东教授则认为有两个方案解决：一是将第三章分解，具体思路是把收监一节与第四章第一节分押分管并为一章，而将监外执行列入与“罪犯特殊情况下请假制度”单列一章。二是修改第三章章名，将章名修改为“刑罚执行的计划”，除了把第四章狱政管理第一节分押分管并入，其他内容不变。[②] 笔者认为，如果把第三章名称进行修改的话，自然不但能够实现新法对旧法的继承，而且保证了立法过程的经济性。但问题是“刑罚执行的程序”和“刑罚执行的计划”都无法与涵盖第三章的全部内容，仍然无法实现逻辑自洽。一是“刑罚执行的程序”中仍然是刑罚执行，而第三章的收监、监外执行、减刑和假释、释放与安置如上详述的确无法涵盖全部的监狱刑罚执行活动，仍然解决不了根本症结。二是因为不仅第三章中关于收监、监外执行、减刑和假释、释放与安置存在着执行中的程序问题，其他刑罚执行中如对罪犯的奖惩、考核等都存在着程序的问题。故还是应当对本章进行拆分。

具体思路一是把监外执行、减刑、假释单独列为一章，可称之为“刑罚执行变更”，在刑事法上此三项制度传统上都称之为“刑罚执行变更制度”，况且在单独成一章之后，对这三项重要制度的一些具体条款可以进行细化，以保证这三项制度的可操作性。二是对罪犯收监、释放和安置可纳入第四章的狱政管理制度之中，因为

---

① 吴宗宪、王虹：《论〈监狱法〉文字表述的修改与完善》，载《法学杂志》2009 年第 9 期。

② 翟中东：《对“刑罚的执行”法律定位的学理思考——兼论我国监狱法典的完善》，载《现代法学》2000 年第 1 期。

无论监狱学理论还是监狱工作的实践中，收监、释放和安置都属于狱政管理的内容，而把这几项制度纳入第四章则解决了第三章的内容失调性。三是第三章中的第二节规定的关于对罪犯提出的申诉、控告、检举的处理，这节是关于对罪犯权利保障的重要制度，但主要是程序性规定。鉴于这节的内容较为单薄，要是单独列入一章又显得在整个法典失去整体的和谐。因为总则中第 7 条明确了罪犯的申诉、控告、检举等权利，因此，可以考虑把此节的内容列入第 7 条之后。

四、第六章结构之缺陷与完善

法典第 6 章规定了对未成年犯罪的教育改造，从立法的价值理性来看，本章的规定体现了立法者对未成年罪犯较成年罪犯的重点保护，值得肯定。但是从第 6 章的共 4 条的内容来看，其中第 74 条只是简单规定了“对未成年犯应当在未成年犯管教所执行刑罚”，第 75 条强调了对未成年犯改造的基本原则，第 76 条则规定了已满 18 周岁余刑不超过 2 年仍可以在未成犯管教所改造，第 77 条则只简单地规定了本章未作规定的，适用于本法的有关规定。为此，此章实际上在内容上仅为 3 条，而且基本为原则性的规定，其中 2 条明确了未成犯在管教所改造，一条明确了未成犯改造原则。此章的立法特点、立法目的基本契合了总则的基本特性，所以笔者认为，与其仅仅 3 条原则性规定就为一章还不如作技术化的处理。

思路一是把该章的 3 条原则性的规定纳入总则之中去，具体做法可考虑把第 74 条和第 76 条合并处理，因为这两条都是规定未管所关押的对象，故可作第 1 款和第 2 款的技术化处理。思路二是把本章列入第 5 章的教育改造中，并且单列一节。笔者认为从法典的总体协调性出发，还是思路二更为科学和简便，在一定程序上也体现了对旧法的继承和尊重。

第三节　关于监狱法条款之缺陷与完善

监狱法之缺陷不仅体现在章节之间的严重失调，还体现在条款间的文法语义存在着严重的缺陷。法律是语言的艺术，成文法主义是当代法治的基本要求，要实现完美之法就必须借助恰当的法律语言。如果说语言是人类文明中最重要、复杂的一种符号，那么法律语言更是如此。法律的属性要求法律语言比人们日常生活或工作的语言要求更高，法律语言要求简洁、明确，顺畅符合逻辑，概念的内涵与外延确定，文法与语义不可出现违背普通文理之错误。当然，立法者虽然是理性的人，但再理性法律也不可能没有缺陷。同样，监狱法的一些条款中表述在文法语义方面存在着一些缺陷。这些缺陷有的则是法理错误以致使法条存在缺陷，有的是文法语义造成的缺陷，有的则是法律概念的内涵与外延造成法条间的冲突。详细如下。

一、条款法理错误及完善

监狱行刑理论是一门实践形态的学科，近年来虽然取得了一些进步，但毕竟监狱法制定时代处于二十世纪八十年代中期，当时监狱行刑的理论形态与实践形态都处于传统与现代的过渡时期。一方面，当西方发达国家监狱早已历经了启蒙和探索时期，狱制转而走向一种较为成熟的社会治理；而我们国家的监狱发展似乎契合了中国社会发展的情状，既在传统的劳动思维中挣扎，又在再一次的西风渐进中理性地借鉴，既在法律文本主义的驱动下依法治监，又受制于长期劳改经验的巨大习惯性运作的樊篱。另一方面，肇始于所谓“蕴涵社会主义现代化理性”的“劳动改造刑”的实践形态作为一种社会主义国际经验因为特定历史原因而被契合进了新中国的监狱行刑实践中，于是在中国语境下的刑罚执行经验被冠以“改造”贯穿至今。[①] 成为问题的是，当时制定监狱法法典之时的监狱行刑理论还未发育成熟，很多基础性概念及原则、理念的界定模糊，以致相关条款中的表述难免成为问题。

1. 关于总则中第 3 条之缺陷及完善。第 3 条从立法者的意图来看，应当是想把该条规定为监狱行刑的基本手段和行刑目标。但是，笔者认为，第 3 条对监狱行刑的手段及行刑目标的规定都存在着问题。

首先，行刑基本手段或者方式的表述存在问题。监狱对罪犯实行惩罚和改造相结合的表述没有问题，但是教育和劳动相结合的原则则存在问题。惩罚与改造相结合、教育与劳动相结合的并列表述存在严重问题。因为传统的刑罚执行理论告诉我们，惩罚与改造是刑罚执行的全部内容，监狱正是通过对罪犯的惩罚与改造才实现对罪犯刑罚的执行，可谓监狱行刑机能全部意义之界定。而教育与劳动是属于改造的内容，监管改造（狱政管理）、教育改造和劳动改造组成了监狱对罪犯改造的全部内容，因此，从监狱行刑法理出发，两个并不属于一个层次的概念并列表述当然存在问题。另外，教育与劳动也不能在并列表述。根据我们国家的教育改造理论，教育改造与劳动改造加上监管改造成为改造的全部内容，而此处则把教育与劳动进行并列表述，一方面丢失了改造的内涵，另一方面没有涵盖监管改造，表述不全面。因此，笔者认为，第 3 条前半部分

① 刘崇亮：《本体与维度：监狱惩罚机能研究》，中国长安出版社 2012 年版，第 1 页。

关于监狱行刑的基本手段或方式可表述为“监狱对罪犯实现惩罚与改造相结合的原则”，把“教育和劳动相结合的原则”删除，这样就避免了表述法理上的逻辑混乱。

其次，第3条把监狱行刑目标定位于“把罪犯改造成为守法公民”也存在问题。我国监狱法规定的关于监狱改造的目的表述为“将罪犯改造为守法公民”与西方国家或我国台湾地区的有关监狱行刑的目的有着较明显的差异，其中最为明显的是改造目的定位的认识上。我国在现行监狱法颁布前的监狱改造目的是“将犯罪人改造成为新人”，应当说这是和当时时代背景紧密相联系的，是监狱工作泛政治化的体现。虽然体现了政府层面上的政治理想，但那也仅是政治理想而言的，“新人”在改造哲学上完全属于政治哲学的范畴，而其改造的目的一旦限定在政治哲学的范畴，那么思想改造等纯意识形态领域的改造有可能统治了监狱改造工作的全部。例如，改造重要组成部分的政治学习，这对于大部分文化素质低下、道德素质薄弱的犯罪人来说，究竟能有多少的改造效果是非常值得让人怀疑的。监狱法颁布后，把改造定位于“将犯罪人改造成为守法公民”，学者们对此几乎没有提出任何的怀疑观点，认为将“新人”转换成“守法公民”是完全理性进步的表现。其实，“守法公民”在目的的定位上失之偏颇，西方和我国台湾地区的行刑目的更为科学，即其在行刑目的上都有着规范性的目的，但是其并未单独地明示改造或矫正的目的，而是把行刑目的表述为“为顺利重返社会，过上正常生活之需要”。这是最低限度的目的性层次要求，也是十分符合监狱行刑的实际需要。相比较守法公民目的性层次更高，作为犯罪人改造后的正常社会生活只能是不再违法犯罪，而从法理意义上说“守法”不但应当包括刑事法，还应当包括民法等其他部门法，这对于一个社会公民的民事违法来说，“守法”的目标性层次性仍然属于理想化。[①] 法国刑法明确规定，对犯罪人的自由刑的执行，不但是视为保护整个社会和保证对被判刑人犯的处罚，还被视为有助于被判刑人改正过错，为其最终重返社会做准备。[②] 丹麦《刑事执行法》第 3 条规定，刑事处罚之执行，必须既关注处罚之执行，又关注帮助或者影响被定罪人过上合法持久之正常生活之需要。[③] 我国台湾地区《监狱行刑法》第 1 条明确规定，徒刑、拘役之执行，以使受刑人改悔向上，适于社会生活为目的。为此，笔者认为可以借鉴上述三部监狱法典的表述，把行刑目标修改为“促进服刑人员积极悔改，顺利重新回归社会”。

2. 关于总则中第 5 条之缺陷及完善。总则中的第 5 条规定了监狱的执法主体以及执法主体的职权，内容为“监狱的人民警察依法管理监狱、执行刑罚、对罪犯进行教育改造等活动，受法律保护”。本条中最大的问题仍然是对“刑罚执行”的误解，以至于随意使用。条款中的“管理监狱”可能与执行刑罚有着内涵与外延上的交叉使用，勉强可以并列使用，而“对罪犯进行教育改造”则如上文所述，因其在行刑理论与实践中都是属于刑罚执行活动的一部分，故使其于“执行刑罚”并列表述，明显属于错误使用。因此，笔者认为在未来的监狱法修改中，可以考虑将“对罪犯进行教育改造等活动”删除。另外，此条中“受法律保护”，按照监狱法的基本原则、立法目的及各章的基本制度，监狱法本身就是监狱警察的执法依据，而“受法律保护”难免有多余之嫌疑。

3. 关于第 19 条之缺陷及完善。第三章第二节中第 19 条规定：“罪犯不得携带子女在监内服刑。”第 19 条非常简短，而且放在第

---

① 刘崇亮：《本体与维度：监狱惩罚机能研究》，中国长安出版社 2012 年版，第 87 页。

② ［法］卡斯东·斯特法尼等著：《法国刑法总论精义》，罗结珍译，中国政法大学出版社，第 425 页。

③ 谢望原译：《丹麦刑法典与丹麦刑事执行法》，北京大学出版社 2005 年版，第 79 页。

二节收监这节中，不足之处也十分明显。一是罪犯不得携带子女在监狱内服刑，在内涵与外延的技术处理上明显缺陷科学性。不得携带子女那是否意味着可以携带其他亲属服刑？因为在亲属法上，是按照夫妻、父母、子女的顺序进行排列的，因此在子女之间亲属关系上处于同一层次的还包括夫妻与父母。禁止携带子女在监狱内服刑，在外延上考虑并不周全。另外，此条即便规定不准携带配偶、父母与子女在监狱内服刑，给人感觉放在收监的内容中也不协调。因为监狱法总则规定得十分清楚，监狱中管理主体是监狱人民警察，对象是罪犯，罪犯被执行刑罚是因为刑法、刑事诉讼法和监狱的规定，除此之外，不可能还有其他人在监狱内“服刑”。即按照监狱法的规定和监狱行刑理论就可以进行当然解释的内容，本可以不纳入监狱法典之中。而纳入诸如第 19 条的内容，给人感觉在立法的专业性有欠缺之感。鉴于上述分析，笔者认为在未来的监狱法修改之中，是否可以考虑将该条款删除，以留下立法容量给其他更为重要的内容纳入监狱法法典之中。

4. 关于第五节中的第 35 条至第 38 条之缺陷及完善。第三章第五节中的第 35 条规定：“罪犯服刑期满，监狱应当按期释放并发给释放证明书。”后面三条分别就对罪犯刑满释放后的户籍、生活及权利进行了规定。从第五节的规定内容来看，整个系围绕着罪犯“刑满释放”展开。但是，不管从行刑理论还是行刑实践中看，罪犯从监狱释放至少应当包括假释、刑期届满释放、特赦以及无罪释放。假释因为不是真意义上的释放，而且第三章第四节也对假释的释放作了明确规定，因此第五节中的释放不包括假释是正确的。但是除了刑满释放之外，还应当包括特赦和无罪释放两种情形。

首先关于特赦，我们国家宪法、刑法和刑事诉讼法都有相关规定。根据《宪法》第 67 条第 17 项的规定，全国人民代表大会常务委员会行使决定特赦的职权，第 80 条规定，中华人民共和国主席根据全国人民代表大会常务委员会的决定发布特赦令。《刑法》第65条第1款规定："被判处有期徒刑以上刑罚的犯罪分子，刑罚执行完毕或者赦免以后，在五年以内再犯应当判处有期徒刑以上刑罚之罪的，是累犯，应当从重处罚，但是过失犯罪和不满十八周岁的人犯罪的除外。"《刑法》第66条规定："危害国家安全犯罪、恐怖活动犯罪、黑社会性质的组织犯罪的犯罪分子，在刑罚执行完毕或者赦免以后，在任何时候再犯上述任一类罪的，都以累犯论处。"《刑事诉讼法》第15条第3项规定，经特赦令免除刑罚的，不追究刑事责任，已经追究的，应当撤销案件，或者不起诉，或者终止审理，或者宣告无罪。据此，监狱法的三部上位法都对特赦进行了规定，而且刑法和刑事诉讼法是把特赦和刑罚执行完毕并列规定在一起的，故特赦之释放与刑期届满释放并不是同种释放。

其次关于无罪释放。行刑实践中难免遇有错判处刑之情况，即被人民法院由有罪判决改判为无罪释放。此种释放在性质上当然也属于释放，而且释放和安置的情况应当比上述的刑满释放和特赦都要复杂，技术上的处理应当难度更大。

因此，笔者认为在未来的监狱法修改中，可以考虑在第35条至第38条中把"刑满"删除，而可在此节中专门设置一条，专门规定此处的释放是指刑罚执行完毕及特赦。至于无罪释放因为牵涉到部门法的协调，笔者此处不予展开。另外，特别需要指出的是，因为监狱法的上位刑法和刑事诉讼法都称为"刑罚执行完毕"而非服刑期满，因此，考虑到与上位法的衔接，未来增加的条款应当也须称"刑罚执行完毕"。

5. 关于第40条之缺陷与完善。第四章第一节的第39条与第40条规定了分押分管的内容，第39条是我国监狱系统开展对罪犯的分押分管的依据，也是成立未成年犯管教所和女子监狱的法律依据。两条内容本身并没有问题，只是第40条简单规定“女犯由女性人民警察直接管理”，使得该条在法条的归属上存在问题。女犯由女性人民警察直接管理，该规定的性质不仅属于分管的问题，其本身的性质更应当属于分押。分管在监狱行刑理论中的含义正如第39条第2款规定的“监狱根据罪犯的犯罪类型、刑罚种类、刑期、改造表现等情况，对罪犯实行分别关押，采取不同方式管理”，而女性罪犯由女性人民警察管理是根据生理为分开管理的依据，因此女犯由女性人民警察直接管理本身并非分管的内容。那么，第39条第1款则对分押进行了规定，即监狱对成年男犯、女犯和未成年犯实行分押和管理。为此，笔者认为既然第40条内容十分简单，又属于分押的内容，完全可以列在第39条第1款的后面，这样性质明确又使得条文不占法典空间。

6. 关于第57条的缺陷及完善。第57条第1款规定：罪犯有下列情形之一的，监狱可以给予表扬、物质奖励或者记功：（一）遵守监狱纪律，努力学习，积极劳动，有认罪服法表现的；（二）阻止违法犯罪活动的；（三）超额完成生产任务的；（四）节约原材料或者爱护公物，有成绩的；（五）进行技术革新或者传授生产技术，有一定成效的；在防止或者消除灾害事故中作出一定成效的；（七）对国家和社会有其他贡献的。第57条第1款最大的缺陷就在于该条款的法理基础的混乱，从而导致条款逻辑关系上的混乱。因为该条把行政性奖励的表扬、物质奖励与刑事奖励混乱地规定在了一起。关于重大立功，刑法和监狱法都作了明确的规定。根据《刑法》第78条规定，具有下列情形之一的应当认定为重大立功表现：一是阻止他人重大犯罪活动的；二是检察监狱内外重大犯罪活动，经查证属实的；三是有发明创造或者重大技术革新的；四是在日常生产、生活中舍己救人的；五是在抗御自然灾害或者排除重大事故中，有突出表现的；六是对国家和社会有其他重大贡献的。《监狱法》第二十九条同样也规定了重大立功的认定条件，和《刑法》第 78 条内容完全一样。可以说，此处也完全体现了刑法是监狱法上位法的基本原理。刑法和监狱法虽然没有对立功认定的具体条件作出明确规定，但根据两法对重大立功认定条件，也可以对立功认定条件进行合理性推断。即阻止他人犯罪活动、检举监狱内外犯罪活动经查证属实、有发明创造或技术革新、在日常生产生活中舍己救人、在抵御自然灾害或排除事故中有较好表现、对国家和社会有其他较大贡献的，都应当认定为一般立功。

当然，最高人民法院 2012 年颁布实施的《关于办理减刑、假释案件具体应用法律若干问题的规定》第 3 条对具有立功表现作了规定。作为刑法上的刑罚裁量制度的立功应当成为监狱法中立功的立法依据，监狱法中的立功此时已经非行政奖励制度了，而是属于刑事奖励制度的性质。而第 57 条中第 1 款中的第 1 项、第 3 项、第 4 项、第 5 项则明显属于监狱对罪犯日常狱政管理过程中的日常考核依据，第 2 项规定的“阻止违法犯罪活动的”、第 6 项规定的“在防止或者消除灾害事故中作出一定贡献的”、第 7 项规定的“对国家和社会有其他贡献的”则与另四项在性质上完全不同。即便第 57 条第 1 款把行政奖励和刑事奖励放在一起，各个奖励依据情形也因为轻重顺序随意编排导致整体逻辑混乱。

因此，在未来的监狱法修改中，应当对第 57 条第 1 款作出重大修改。把属于减刑和假释中的立功制度依据《刑法》第 78 条之规定单独进行明确规定。

7. 关于第 59 条之缺陷及完善。第四章第七节中的第 59 条非常简短地规定了“罪犯在服刑期间故意犯罪的，依法从重处罚”。第七节的标题为“对罪犯服刑期间犯罪的处理”，第 59 条规定了“又犯罪”处罚，第 60 条规定了罪犯在狱内重新犯罪的处理程序。第

60 条关于罪犯狱内重新犯罪的处理程序没有问题，但是第 59 条规定了罪犯在狱内重新犯罪的“依法从重处罚”存在问题。

一是根据监狱法调整法律关系的性质以及刑事立法的基本法理，关于犯罪与刑罚的具体规定只能由刑法规定。虽然在我国很多的其他部门法中载有附属刑法，但这些条款仅规定“构成犯罪的，依法追究刑事责任”，这些条款一般只是重申刑法典的内容，并不能进行具体、实质的“犯罪和刑罚”的规定。同样监狱法对狱内重新犯罪也只能最多规定“罪犯在服刑期间故意犯罪的，依法追究刑事责任”，而不能具体规定“从重处罚”。

二是作为上位法的刑法，在刑法典中也没有规定“罪犯在服刑期间故意犯罪的，依法从重处罚”。在刑法典中，第 65 条和第 66 条仅规定了对累犯应当从重处罚的内容，而且刑法关于数罪并罚的规定中，第 71 条也仅规定了并罚的基本方法——被判刑的犯罪分子又犯罪的，应当对新犯的罪作出判决，把前罪没有执行的刑罚和后罪所判处的刑罚，依照《刑法》第 69 条的规定，决定执行刑罚。根据《刑法》第 71 条之规定，监狱法规定罪犯在服刑期间重新犯罪从重处罚确属于“越位”规定。当然，罪犯在服刑期间重新犯罪属于酌定量刑情节，根据《刑法》第 61 条关于量刑根据之规定精神，可以在量刑上从重处罚，但既然刑法没有对酌定量刑情节明确规定，监狱法此规定难免有“越位”规定之嫌。

三是第 59 条仅规定了“故意犯罪”之情形，而《监狱法》第七节是规定“对罪犯服刑期间犯罪的处理”，而过失犯罪当然也属于“罪犯服刑期间犯罪”。因此，在未来的监狱法修改中，可以考虑将第 59 条修改为“罪犯在服刑期间又犯罪的，依法追究刑事责任”。这样既避免了漏掉过失犯罪处理之尴尬情形，又可以避免越位规定。

二、条款文法语义缺陷及完善

法律不管是在制定法还是在判例法中，必须运用相应的语言文字进行表述，才能使守法公民和执行者普遍遵守。但是，法律语言区别于人们日常工作和生活中的用语，必须符合法律内在的要求，做到准确、严谨、简洁和理性。法律语言既要保持一定的确定性，又要保持一定的包容性。① 监狱法作为规范监狱行刑的重要刑事法律，同样应当遵循法律语言的上述规律，但是监狱法自颁布实施以来，在这方面饱受垢病。

1. 关于表述不准确的问题。监狱法中有个别条款存在用语不当之问题，可能会引起对条文的准确理解。比如，第 15 条第 2 款就是此问题。第 15 条第 2 款规定罪犯被交付执行刑罚前，剩余刑期在三个月以下的，由看守所代为执行。本条的规定源自修改后的《刑事诉讼法》第 253 条第 2 款，此款规定："……对被判处有期徒刑的罪犯，在被交付执行刑罚前，剩余刑期在三个月以下的，由看守所代为执行。对被判处拘役的罪犯 ，由公安机关执行。"需要指出的是，刑事诉讼法规定"三个月以下的，由看守所代为执行"并不意味着表述准确。"代为执行"的意思是本来的执行是监狱执行三个月以下的刑罚，现在刑事诉讼法规定由看守所"代为执行"，但既然是代替或者代理的意思，是否意味着在一定条件下监狱可以收回这种执行代理权？或者既然是代替或代理，那么相互就一定会产生某些权利和义务，但实际上两者不可能会发生权利与义务的关系。因此，"代为执行"在此条中表述不准确容易引起一些不必要的歧义，故可以考虑在未来的监狱法修改中直接修改为"剩余刑期

① 扬建军：《法律语言的特点》，载《西北大学学报》2005 年第 5 期。

在三个月以下的，由看守所执行”。

2. 关于表述模糊的问题。监狱中也有个别条款存在着表述模糊的问题。法律用语虽然不可能做到绝对明确，但是过于模糊可能会使得法条适用性较差，反而使法条虚置。监狱法条款中用了一些较为模糊词，如“及时”。第21条第2款规定：“对于罪犯的申诉，人民检察院或者人民法院应当及时处理。”此款的内容是规定两司法机关对罪犯申诉处理程序中的期间问题，但是条款中用“及时处理”这样的模糊表述。“及时”到底是意味以日还是以星期为期间此处不得而知。此模糊的表述使得罪犯的申诉有可能得不到及时处理，从而使此条款被虚置。为此，诸如第21条、第23条中的“及时”在未来的监狱法修改中应当给予明确法律期限。

再如第50条之模糊表述问题。此条非常简短的规定：“罪犯的生活标准按实物量计算，由国家规定。”法条中的“国家规定”表述过于模糊，如果法律中的职权的界定都是以“由国家规定”来表述，会使得法条失去法律的严谨性。因此，在未来的监狱法修改中此条可以修改为“由国务院司法行政主管部门规定”。

第四章　监狱法外在制度需求与完善

经过多年的刑事法治建设，我国的刑事法治建设水平已经取得了长足进步，立法技术和立法理论也日臻成熟。在此背景下，《监狱法》文本中存在的立法技术问题基本能够得到解决，立法技术的成熟将为《监狱法》修改提供必要的技术性支撑。我们在第二章论及监狱法修改模式是对监狱法法典的修改，而对法典的修改则不再是诸如2012年的应时性修改，而是在制度性的需要背景下对监狱法进行制度性的构建，这既是监狱刑事政策的制度化与法治化需求，也是中国当代监狱行刑制度改革的要求。

第一节　罪犯权利保障制度的进一步完善

前文已经述及在对监狱进行修改时应当遵循继续推动罪犯权利保障的修法基本理念，因此，在对监狱的基本制度构建过程中，罪犯的权利保障必须在监狱法中有所加强，这不仅是监狱行刑法治化的内在要求，也是国家法治进程中的历史必然。《监狱法》总则中仅有第7条规定了罪犯的权利保障基本原则，分则中关于罪犯在狱内的具体权利的条款只散见于狱政管理中的一些条款，仅涉及罪犯的会见、生活、卫生等少数几个基本权利的问题。但在法治发展到今天的中国，基本人权的保障已经不成问题，而是更高更多权利的保障，这也是监狱法对罪犯权利保障制度构建需要跨越的障碍。在丹麦的刑事执行法典中，不仅在总则中规定了罪犯权利保障的原则，还在第八章专门规定了罪犯的权利。具体包括告知计划、指导、交往、参加礼拜活动等、钱款与物品管理、公开出版、工作与教育、业余时间、社会服刑、健康服刑等方面的权利，而且在部分条款中还明确应当由司法部长制定有关罪犯保障权利的具体规则。另外，该国《刑事执行法》第九章还专门规定了罪犯与狱外联系的权利，内容非常详细，操作性很强。具体包括请假[①]、探视、信函收发、电话通话、报纸和书籍等、与媒体接触六大方面，总共14条29款之多，而且全部是采取叙明法条立法方式，大大增强了法条在行刑实践的适用效果。[②] 相比之下，我国对罪犯权利规定的内容太少，而且大部分是原则性或宣告性的规定，明显缺乏可操作性。我国在行刑实践中，已经形成了比较成熟的罪犯权利保障制度。因此，应当在实践的基础之上，全面落实对罪犯的权利的法律保障，从制度层面上升到法律层面，从而实现权利保障的法治化。

当前我们国家监狱法对罪犯权利的具体规定主要以纵向的立法方式规定，即把罪犯的权利分散在各个章节上，此分散立法方式缺陷较为明显，不利于罪犯的保护。比如，有关罪犯劳动方面的权利，我国《监狱法》仅在第71条第2款和第72条中简略规定罪犯有休息权、劳动报酬和劳动保护权。我们可以借鉴有些国家的横向式的立法方式，即单独制定一章对罪犯的权利与义务内容进行规定，这样既可以加大保障力度，也可以明确罪犯的义务。在监狱行刑过程中，罪犯权利主要由人格权、生命权等基本权利以及个人自我保护权利、自我发展权利组成，与此同时也必

---

① 与我国的罪犯出狱请假探亲制度相近。

② 谢望原译：《丹麦刑法典与丹麦刑事执行法》，北京大学出版社2005年版，第90～94页。

须履行相应法律义务，这种法律义务应当与罪犯的权利相对应。[①] 在规定罪犯权利与义务的专章中至少可以考虑完善或构建以下内容。

一、明确规定罪犯结婚和夫妻特殊会见权

婚姻自由是公民的基本人权，包括结婚自由与离婚自由权。显而易见的是，在狱内服刑的罪犯离婚自由是得到充分保障的，但结婚自由即结婚权因为各种原因无法得到确定。可能最为主要的原因还是监狱法没有明确规定。对于是否应当保障罪犯的结婚权理论与实务部门的论者赞成论者与否定论都有。

赞成论者认为结婚权是公民的宪法规定的基本权利，不但宪法规定任何公民符合法定的条件都享有结婚权（法定的条件中并不包括不是罪犯的公民），而且监狱法中也没有否定罪犯不享有结婚权。特别是出于教育改造罪犯的目的出发，结婚权的保障有利于提高罪犯改造积极性，有利于促进其早日重返社会的决心，也有利于社会的稳定。否定论者认为罪犯之所以不能够行使结婚权而享有离婚权，是因为虽然宪法赋予了罪犯结婚权，但是因为罪犯的人身自由被剥夺，使得罪犯不能够亲自行使这项权利，也会带来很多的法律问题，若保障了其结婚权，后面的生育权也需要保障。而离婚自由是因罪犯不以人身自由剥夺为障碍，罪犯能够本人行使。即结婚自由权的否定是罪犯被判处监禁刑剥夺人身自由的随附后果。笔者认为罪犯的结婚自由并非监禁刑的随附后果。既然离婚能够在剥夺自由的基础之上实现，同样，结婚权也应当保障。我国《监狱法》第7条第1款明确规定：“罪犯的人格不受侮辱，其人身安全、合法

① 王利荣著：《行刑法律机能研究》，法律出版社2001年版，第137页。

财产和辩护、申诉、控告、检举以及其他未被依法剥夺或者限制的权利不受侵犯。”既然我国法律包括监狱法并没有规定罪犯不能结婚，那么，国家就具有保证该权利实现的义务。在实践中，绝大部分国家都允许罪犯在服刑期间结婚，我们国家也有此类案例的报道。因此，应当考虑在未来的监狱法的修改中把罪犯的结婚权及其罪犯应当承担的义务写进法典。

同样，对于罪犯的夫妻特殊会见权在理论与实务部门的争论也存在着较大争议。持赞成的理由包括：一是给予罪犯夫妻的性权利，体现了政府的人道主义。世界上大部分发达国家允许罪犯配偶进入监狱特殊会见，罪犯夫妻特殊会见符合监狱行刑社会化的思潮。二是有利于稳定罪犯心态和狱内秩序。罪犯在封闭的围墙内与世隔绝，容易造成监狱化人格，而且夫妻生活的隔断使得罪犯心理与生理与在社会上时产生很大波动，容易使得罪犯改造情绪不稳定。而适当的夫妻特殊会见能够缓解罪犯的监狱化人格，稳定改造情绪，有利于罪犯的改造。三是利于促进社会和谐。开放罪犯特殊夫妻会见不但能够促进罪犯的改造，还利于稳定罪犯的婚姻家庭生活，从而稳定罪犯的婚姻关系，有利于促进社会和谐。持反对的理由包括：一是贬损刑罚的威慑力。监狱行刑不但强调对罪犯的改造，还强调对罪犯的惩罚。刑罚执行的效果不仅在于改造，还在于对罪犯的威慑力。如果能够允许进行夫妻特殊会见，不但会降低刑罚的特殊预防，还会降低刑罚的一般威慑力。二是夫妻特殊会见是罪犯人身自由被剥夺后的随附后果。法律当然保护此权利，但是正如罪犯有很多宪法性基本权利，但因为罪犯的人身自由被剥夺，诸如扶养子女、赡养父母等民事权利却无法亲自行使，即民法上所说的有资格无能力之情形。罪犯的夫妻特殊会见即可归入此类。三是易造成罪犯的不平等。因为有的罪犯有配偶就能获得此项权利，而没有配偶的罪犯却无法获得，因此会造成罪犯的不平等心理，易造成这部分罪犯的改造情绪不稳定。四是增加监狱管理成本。要保障罪犯此项权利的实现，不但需要增加大量的管理人力成本，还要提供达到监管要求的场地和设施，从而增加监狱管理成本。五是易发生监管安全事故。全国范围内有不少已经发生的案例表明，即便是夫妻在监狱内同居，也容易造成监管安全事故，从而妨碍监狱的监管安全稳定。六是没有法律依据。虽然宪法规定每个公民都享有这项基本权利，但却没有明确的法律支持罪犯对性自由权利的主张，监狱法也没有明确。①

那么罪犯的特殊夫妻会见权是否应该保障呢？二十世纪九十年代中期我国在全国范围监狱系统内开展了特殊会见活动，取得了一些成绩，也造成了不好的影响。但要解决此问题，我们必须要在法理上解释清楚，毕竟法律的问题必须要由法理来解释。笔者认为，罪犯的特殊夫妻会见权属于特许权的问题。我国传统刑事执行法学理论较少提及罪犯特许权的概念，监狱法律法规也没有特许权的相关规定，但英美等国家中罪犯特许权的研究成果非常丰富，而且法律规定和相关的案例判决也较为普遍，并成为这些国家的政策、权力和罪犯权利的角力点。国内学者对罪犯的特许权的认识并不统一。有学者认为，罪犯权利可以分为法定权利和特许权利，而法定权利中因罪犯特殊身份享有的法定权利在性质上与罪犯特许权并无本质上的区别。② 也有学者认为，罪犯特许权是监狱基于罪犯的改造表现和再社会化的需要而赋予部分罪犯的特殊待遇，具有权力与权利的双重属性，从监狱的角度看是监狱的一项行政权力，而从罪犯的角度看，罪犯特许权的基础是

---

① 持有上述观点的有不少学者，具体参见柳忠卫：《罪犯特许权论——以罪犯与其配偶同居权为分析对象》，载《法商研究》2008 年第 4 期。

② 赵运恒：《罪犯权利论》，载《中国刑事法杂志》2001 年第 4 期。

公民权利，是罪犯得到的一种特别行刑处遇或待遇。[①] 第一种观点的特点是特许权也是罪犯的权利，两者之间并无本质区别，第二种观点的特点是特许权既是监狱的行政权力又是罪犯的权利。这两种观点都值得商榷。

罪犯的特许权在英语中为 prisoners' privilege ，privilege 在英文词典中被解释为特殊的权利或待遇（right or advantage）。从特许权的英文解释来看，特许权属于权利的一种，所以罪犯特许权也应当是罪犯的一些特殊权利，但罪犯法定权利和罪犯特许权存在着本质上的区别。罪犯的权利是指法律上明确给予保护的，当罪犯具有某项权利时，包括监狱等其他国家机构必须满足这些要求，而这些国家机构则承担着满足罪犯权利的法律义务（legal obligation）。罪犯特许权则是指罪犯在服刑期间通过良好的改造表现而获得的能够给罪犯带来一定好处的利益（或者说是权利）。[②] 所以从上述的论述中可以看出，第一种观点关于罪犯法定权利和罪犯特许权的性质相同是有问题的，因为罪犯权利虽然可以包括法定权利和因罪犯身份获得的权利，但一旦在法律或制度中明确了罪犯的权利，那么监狱就负有保证该权利实现的义务，而罪犯特许权既可能在法律中规定，也可能没有规定，不管有没有规定都必须依靠罪犯的服刑表现来争取的利益，监狱并没有必须满足其要求的义务。第二种观点的问题在于特许权并不属于权力的范畴，罪犯的特许权实现虽然必须取得监狱的同意，但特许权的享有主体是罪犯，只是这种权利的特殊性在于如果没有具备一定的条件则没有取得的资格，所以正确的

---

① 柳忠卫：《罪犯特许权论——以罪犯与其配偶同居权为分析对象》，载《法商研究》2008 年第 4 期。

② Norman A. Carlson, Karen M. Hess& Christine M. H. Orthmann, *corrections in the 21Centry: A Practical Approach*, West Wadsworth, 1999, p. 501.

观点应当是监狱拥有给予罪犯特许权的权力。①

既然把罪犯特殊夫妻会见权的性质界定为特许权，那么，我国的法律能否找到依据呢？笔者认为我国监狱法中规定了大量的特许权，如罪犯一般会见权、罪犯通信权、罪犯日常奖励等都属于特许，这些罪犯权利是建构在监狱许可的基础上的权利。同样，罪犯特殊会见权也必须建构在监狱许可的基础之上，必须要符合一定的条件。笔者之所以认为在未来的监狱法修改中应当把罪犯的特殊夫妻会见写入监狱法，不但具有上述赞成论者所持三种观点中的优势，而且否定论者的所有观点都经不起推敲。一是允许此制度实施并不会贬损刑罚的威慑力。因为刑罚的威慑力不仅体现在刑罚严厉的强制性后果，还体现在刑罚的平等性和及时性，特别是刑罚严厉的后果主要表现为自由的剥夺。而尊重罪犯夫妻间的性权利并不会影响自由的剥夺，也不会影响刑罚的平等性和及时性。二是人身自由剥夺是监禁的必需内容，但罪犯的夫妻特殊会见并不必然会影响到人身剥夺内容，就像普通会见一样，都是建立在自由剥夺的基础之上。三是平等包括形式的平等和实质的平等，此项制度是面对所有罪犯开放的，在形式上完全平等，而只有那些表现好的罪犯才能获得此项权利，是特许权设立的初衷，也是实质平等的要求。四是关于增加监狱管理成本的观点也站不住脚，毕竟即便增加管理成本，但制度本身的巨大社会效益和对权利的基本尊重才是制度的根本目的。五是关于监管安全问题更是不能成立。夫妻特殊会见本身不但不会对监管安全造成影响，而且在实践中对促进罪犯的改造积极性有较大作用，只不过对制度本身的不良管理可能会影响监管安全。最后，关于罪犯特殊夫妻会见没有法律依据也是不成立的，如

① 刘崇亮：《范畴与立场：监狱惩罚的限制》，中国法制出版社 2015 年版，第 109～110 页。

果法律没有规定罪犯可以进行夫妻特殊会见，那么，不但根据宪法精神，夫妻之间享有性的基本权利，而且根据《监狱法》第7条第1款之规定精神，监狱不应当对此制度进行限制或剥夺。该条规定："罪犯的人格不受侮辱，其人身安全、合法财产和辩护、申诉、控告、检举以及其他未被依法剥夺或者限制的权利不受侵犯。"罪犯特殊夫妻会见制度虽然没有规定，但可以根据此条之精神，属于未被依法剥夺或限制的权利，应当给予保护。为此，把罪犯的特殊夫妻会见写进监狱法，不但可以做到有法可依，还能够实现上述赞成论者分析的所有优势。

二、明确规定罪犯获得律师帮助权

律师对维护犯罪人的合法正当权益起着越来越重要的作用，是刑事法治的重要保障。刑事诉讼法在第一编第四章中专章规定了律师的辩护和代理，但是根据其中第32条之规定，辩护的对象仅指犯罪嫌疑人和被告人，这也就意味着刑事诉讼法并没有把在监狱服刑的罪犯获得律师的帮助权写进法典。使得长期以来因为缺乏法律的规定，狱内服刑的罪犯在获得律师帮助权方面一直处于边缘状态之中。正是基于此，2004年司法部颁布了《律师会见监狱在押罪犯暂行规定》（已失效）。根据该规定第4条的规定，有下列情形之一的，律师可以会见在押罪犯：（一）在刑事诉讼程序中，接受在押罪犯委托或者人民法院的指定，提供法律咨询，担任辩护人或者代理人的；（二）在民事、行政诉讼程序中，接受在押罪犯委托，担任代理人的；（三）接受在押罪犯委托，代理调解、仲裁的；（四）其他需要会见在押罪犯的情形。虽然该规章补充了刑事诉讼法、监狱法中没有对罪犯获得律师帮助权的缺憾，但是，该规章仍然存在不足。

一是监狱对罪犯在狱内重新犯罪的获得律师帮助权的问题。虽然司法部的规章第 4 条规定了罪犯在刑事诉讼程序中律师可以会见在押罪犯，然而，整个规章中并没有明确规定罪犯在何时能够会见服刑人员。《刑事诉讼法》第 33 条规定，“犯罪嫌疑人自被侦查机关第一次讯问或者采取强制措施之日起，有权委托辩护人”。实践中，侦查机关往往未告知罪犯享有相应的律师帮助权利。在监狱服刑中的罪犯再次犯罪后第一次被讯问或者被采取强制与设施外的犯罪嫌疑人被侦查机关的第一次讯问或采取强制措施有着根本的不同。犯罪嫌疑人第一次被讯问的时间和地点刑事诉讼法都着明确的规定，而对于狱内重新犯罪的讯问时间或地点规章并没有明确规定。至于对强制措施如何进行界定，规章同样也没有规定。由于上述原因，在处理狱内再次犯罪的司法实践中，因侦查主体和侦查对象的特殊性，在侦查阶段又犯罪服刑人基本得不到律师的及时帮助。

二是该规章主体内容共 13 条，但是除了第 2 条规定的抽象内容涉及律师的权利，其他所有的条款内容都涉及罪犯在狱内提供律师帮助权时应当遵循的法律义务。至于律师在四种情况下为罪犯提供律师帮助权时享有哪些具体权利，监狱方面应当为保障这些权利的实现有哪些具体规定，该规章无一例规定。这种立法模式为罪犯及时获得律师的帮助权设置了障碍。事实上，一些监狱警察通常对所有的律师会见罪犯都在场监视、监听，有的监狱管理部门甚至还借故阻碍律师会见罪犯等。这些情况的发生与该规章的内容缺陷不无关系。

三是该规章没有对罪犯申诉案件中律师提供帮助权作出规定。随着近年来冤假错案的新闻报道不断发生，监狱内的申诉案件增多，而刑事诉讼法、监狱法和司法部的规章中都没有对罪犯申诉案件的律师帮助权作出明确规定。实践中，那些申诉成功的案件都是家属或者家庭聘请的律师在监狱外的申诉成功，而法律的缺位规定使得罪犯在狱内申诉困难重重。

鉴于刑事诉讼法和监狱法没有对罪犯获得律师帮助权进行明确规定，以及司法部的规章存在上述的问题，因此，在未来的监狱法修改中，应当对此作出回应，明确规定罪犯在服刑期间可以会见律师，获得应有的律师帮助权。

三、建立完善的罪犯行政复议制度

根据《监狱法》第 58 条之规定，监狱对罪犯的行政处分包括警告、记过和禁闭三种，但是对于罪犯的行政复议监狱法中却没有规定。行政复议是指公民、法人或者其他组织不服行政主体做出的具体行政行为，认为行政主体的具体行政行为侵犯了其合法权益，依法向法定的行政复议机关，提出复议申请，行政复议机关依法对该具体行政行为进行合法性、适当性审查，并做出行政复议决定的行政行为。但是，作为特殊的行政管理关系，对监狱内的行政复议法和监狱法都没有进行明确规定。我国的《行政复议法》第二章第 6 条对行政复议的范围进行了界定，规定了对 11 种的行政行为可以请求行政机关进行行政复议，但并没有对监狱对罪犯的行政处罚行为罪犯是否可以请求行政复议作出明确规定。而监狱法中也没有同样的规定。

西方很多国家都有较为完善的惩戒罪犯的救济机制，美英等国称之为罪犯诉冤制度（grievance system）。美英等国赋予了罪犯投诉权，确立了罪犯的诉冤机制，使罪犯可以通过诉冤或者投诉的方式，改善监狱生活条件，解决自己受到的不公平待遇问题。[①] 密歇

① 吴宗宪：《当代西方监狱学》，法律出版社 2005 年版，第 487 页。

根州监狱管理局对罪犯违纪案件的听证会制定了一系列的规则，以规范听证会的运行。内容大致包括举证、辩护和决定等内容。首先是允许违纪的罪犯可以出席听证会，假如委员会认为不会影响到其他证人的安全，可以允许违纪罪犯主张要求关键证人出席，当然一般情况下是不出席作证，因为那样可能会影响犯人与监狱方面的关系，所以证人方面的证据主要由书面证据所组成。其次是允许在聆讯过程中发表自己的看法和对报告内容的具体事实进行确认，在聆讯结束后，听证官员应当最后做出决定，称之为“重大不端行为听证报告（major misconduct hearing report)”，并把这一决定送达违纪罪犯，存入监狱管理局的档案之中。再次是该规则还规定了如果对违纪罪犯的最后处罚决定成立，认为如果罪犯的行为可能会对当时监禁的监狱造成一定的危害，那么在处罚决定书中还必须明确采取的一些特别安保措施，如单独关押、移送安全警戒高的监狱等。最后是如果受到处罚决定的违纪罪犯认为听证程序存在问题或具体事实认定不公等，可以在收到处罚决定书的三十天内要求重新召开纪律惩戒听证会，收到申请书的监狱管理局认为有必要重新听证的，应当及时作出是否重开听证会。①

我们可以借鉴上述西方国家中监狱对罪犯诉冤制度一些有益的做法。因为监狱与被管理者的特殊行政管理关系，要对罪犯的行政异议作出复议，如果还是原作出具体行政处罚的部门，那么这种行政复议的效果基本会流于形式。而上述美国的具体听证委员会的做法可以被我们借鉴。笔者认为可以成立罪犯违纪处罚复议委员会。罪犯违纪处罚复议委员会的性质是专门对罪犯较为重大违纪案件申请进行复议的专门机构，可以考虑由监狱的主要业务机构的主要负

---

① Majorie M. Van Ochten, *Prison Disciplinary Hearings*: *Enforcing the Rules Behind Bars*, Michigan Bar Journal, February, 1998.

责人组成。另外，根据监狱检察办法的立法精神，笔者认为对罪犯重大的违反监狱规章制度的情形或者有争议的情形，可以由派驻监狱检察官列席会议进行检察监督。该委员会本身并非临时性机构，可以设立一个常设机构，定期进行会议，或者遇有罪犯违纪需要紧急处理的可以随时进行会议。

因此，在未来的监狱法修改当中，应当专门规定对罪犯的行政复议的处理，以及可以在相应的条款中规定设立罪犯违纪处罚复议委员会专门机构等内容。

第二节　构建科学的监狱分类与设置制度

菲利在谴责现行监狱制度失败时，认为现代社会制裁犯罪的措施抹杀了罪犯的人格，使其成为一个符号，或者在杂居中完全被腐蚀，或者在独居中变成一个呆子或残暴的野兽。他进而提出了分类管理制度的重要理论。[①] 可以说正是近代社会的监狱改革失败导致教育刑理论走向勃兴。人类社会中，不管是东方或者西方，近代社会之前的监狱狱制通常属于杂居制，也就是不论年龄、性别、犯罪类型、改造表现等全部羁押在一个监狱甚至监区中。“在整个欧洲，十七世纪成为惩罚历史上的分水岭，在这个世纪，贫民、穷人、流浪者、精神错乱者、不轨行为者突然发现他们被囚禁或隔离在一个要么临时，要么永久远离主流社会的一个特殊装置。这也标志着开启了一个由公开执行死刑、鞭打及广泛使用示众等耻辱刑的惩罚时代移转到监禁的时代，在这个特殊的监禁装置里，高墙、车间、收

① ［意］恩里科·菲利著：《实证派犯罪学》，郭建安译，中国人民公安大学出版社2004年版，第196~198页。

容间等成了对这些问题人们首选的权力管理。”①

监狱一时之间成为“社会所有垃圾处理场”，所有罪犯们置于一个大染缸，交叉感染、互相伤害、暴力与性侵甚至暴发传染病在所难免。在整个十七世纪和十八世纪监狱基本与残酷与野蛮等同。

因此，杂居使得监狱的改良势在必行，被尊为近代狱制改良鼻祖霍华德在他的名著《英格兰及威尔士监狱状况》中最先提出了防止交叉感染的最好方式是实行分房独居制。美国则在十八世纪末期在宾夕法尼亚正式实施独居制，并开始建筑新的监狱以适应新狱制的需要。十八世纪后的刑罚哲学之路上功利主义大行其道。边沁指出，监狱应该是把流氓改造成诚实人的一种机制，通过专门的监狱制度的设计，而产生一个理性的组织良好的空间，以加强理性的培养和罪犯的自我调控。于是相比十八世纪的监狱，十九世纪的监狱要求沉默的规则强加给了罪犯。“建于1823年的纽约奥本州立监狱，采取了罪犯晚上单独在囚室睡觉白天在一起劳动的制度。建于1829年宾夕法尼亚监狱，犯人则完全被隔离，目的只为了减少交叉感染的可能性。在那里犯人们则有机会来思考他们曾经的错误和检审他们的良心，犯人们则囚禁在斗室里吃饭、睡觉、工作，他们能够交流的对象只有选择性的来访者，阅读的只有《圣经》。”② 经过长期的争论后，奥本制胜出了，其鼓吹者认为宾夕法尼亚制完全的隔离是违反人的本性并会使人疯狂，结果奥本制被美国和欧洲国家广泛地采用。“在很多方面，监狱的设计新思想对沉默制和独居制的强调全部体现在1842年的伦

① Roger Matthews, *Doing Time: An Introduction to the Sociology of Imprisonment* , ST. MARTINSPRESS, 1999, pp. 1 ~2.

② Roger Matthews, *Doing Time, An Introduction to the Sociology of Imprisonment* , ST. MARTINS PRESS, 1999 , p. 17.

敦的本顿维尔监狱的建设上，该监狱本身迅速成为欧洲和英国监狱建筑和规训的一个典型模式。”① 该监狱禁止犯罪人与监狱管理人员之间谈话，厚重的墙和单个小囚室确保罪犯之间的交流的可能性被最小化，但罪犯在白天的劳动还是集体参加性质的。“在改革者的理想和现实之间有着日益增大的差距，相应地，民众对十九世纪末监狱改革的批评声称改造和惩罚罪犯的目标是失败的。”② 第二次世界大战以来，监狱的行刑特征开始转向“福利主义的制裁”，这和社会福利保障机制是相一致的，标志着由行为的关注转向对犯罪人的关注，制裁的目标不再过分关注报应而是认同了合理性的需求。③

正是对犯罪人的关注，监狱的狱制自诞生之日起就一直演化到现在，配合狱制改革，监狱的分类一直也处于改革之中，并在当今世界范围内取得长足进步。监狱的合理分类可谓是监狱改革的基础。西方国家的监狱分类比较完善，根据不同的标准大致包括以下几类：一是以生理分标准，大致可以分为男子监狱、女子监狱、混押监狱、未成年犯监狱等；二是以开放程度为标准大致可以分为封闭型监狱、半封闭型监狱、开放式监狱等；三是以警戒等级为标准大致可以分为高等级警戒监狱、中等级警戒监狱、低等级警戒监狱等；四是以行政归属为标准大致可以分为国家监狱、省（州）属监狱、县属监狱等；五是以在押犯规模为标准大致可以分为超大型监狱、大型监狱、中型监狱以及小型监狱等。我们国家的监狱分类，监狱法或者司法部的规章并没有明确规

① Roger Matthews, *Doing Time, An Introduction to the Sociology of Imprisonment* , ST. MARTINS PRESS, 1999, p. 19.

② Roger Matthews, *Doing Time, An Introduction to the Sociology of Imprisonment* , ST. MARTINS PRESS, 1999, p. 20.

③ 刘崇亮：《范畴与立场：监狱惩罚的限制》，中国法制出版社2015年版，第2~3页。

定，但根据监狱法的相关规定，未成年犯和女犯应当根据他们的特点进行相应的教育改造，为此，此规定也可以视为我们国家监狱分类的法理基础。实践中，我们国家的监狱具体划分为男子监狱和女子监狱、男子成年监狱和男子未成年监狱、重刑犯监狱和轻刑犯监狱此三种类型。

一、当前我国的监狱分类缺陷

与西方发达国家较为完善的监狱分类制度相比，我们国家的监狱分类较为简单，这种简单的分类在实践中存在不少问题。

一是无法真正体现刑罚执行的个别化。刑罚执行的个别化是刑罚个别化的自然延伸，没有刑罚个别化就没有刑事执行的个别化，刑事执行的个别化是刑罚个别化的具体体现，刑事执行的个别化是实现惩罚与改造机能的必需选择与要求，也是行刑本身科学化的必要保障。刑事执行个别化是指在刑罚执行过程以有利于犯罪人重返社会为目的，根据犯罪人的人身危险性和适应监狱惩罚与改造生活为需要而给予的相对应的差别处遇，依照犯罪人的年龄、性别、性格特征、生理状况、犯罪性质、犯罪危害程度、刑期长短、服刑表现等给予不同的惩罚与改造的处遇原则。刑事执行个别化原则作为监狱行刑的基本原则，是人们把握监狱行刑规律的重大成果之一，贯穿于对犯罪人的惩罚与改造的全过程。在行刑实践中，应当做好包括狱政管理、劳动生产、教育改造、罪犯奖惩和监狱管理活动中的个别化工作，在管理活动中解决罪犯群体共性矛盾的基础上，进一步把握每个罪犯的特殊性，使对罪犯的管理活动不仅应看到罪犯的“面”，同时也看到罪犯的“点”，把“点”和“面”结合起来，使此种的管理活动发挥最佳的效能。[①] 但是当前最能体现刑罚执行个别化的我国监狱分押、分管和分教的三分工作之前提的分押就存在着较大问题。我们在论及扩大罪犯改造自治权时分析了我们国家监狱系统分押的大致现状。应当说男女监狱的设置和未成年犯管教所的成立是我们国家监狱分类顺应了监狱行刑个别化的潮流，但是仅以刑期长短来划分为重刑监狱和轻刑监狱，这基本无法有利于监狱行刑个别化的实现。只有建立在罪犯再风险评估基础之上的罪犯分类才能实现监狱分类。重刑犯的犯罪性质重，社会危害性大，但人身危险性不一定高；相反，那些犯罪性质较轻、社会危害性并不大的轻刑犯，但人身危险性却很高。而实质上，我国各个省份的监狱分类中，刑期长短根本无法体现罪犯具体犯罪的风险性和人身危险性。而建立在风险评估基础之上的监狱分类，是分押的基本前提。

二无法保证监管安全与改造效益的协调。在监狱行刑中，监管安全与改造效益的矛盾一直是实现行刑目的的主要障碍，而当前我国的监狱简单分类更会加剧这种矛盾。我们国家的成年犯监狱因为只分为重刑犯监狱和轻刑犯监狱，如上所述两种类型的监狱都可能存在着高风险罪犯，因此，在我国所有类型的监狱中都会加强严厉的监控制度。监控制度，其性质上是属于惩戒制度的一部分，根本目的是防止犯罪人到处交帮结友，以防止如犯罪人脱逃等安全事故发生，以达到秩序上的绝对控制。另外，为了防止犯罪人的交叉感染，我国监狱目前大多做到了分管分押，每个分监区大概押犯从几十人到几百人，分类依据主要是犯罪类型和犯罪性质。如果任由犯罪人自由流动，我国的传统监狱学理论认为可能会加剧犯罪人的交叉感染。所以在行刑实践中，犯罪人三大现场中的流动是严格受到约束的，劳动现场、生活现场、学习现场没有不受到严格监视的，

① 韩玉胜等：《刑事执行法学研究》，中国人民大学出版社2007年版，第60~61页。

他们的所有行为几乎都要受到一定程度上的控制，人的因素再加上科技手段使得犯罪人的自由在某种程度上受到严厉的压控。犯罪人要从一个所谓的“隔控区”到另外一个“隔控区”，必须要事先进行报告，在报告取得同意的前提下，然后由两个管理人员带领到另外一个活动的地方，而且在去目的地的过程中，犯罪人所有的行为和举动必须要受到监狱规章制度的约束，不得大声言语和自由散漫。此种控制权力运用在理性的机构中会产生不可预料的副作用，在此种完全控制模式下的管理制度中的犯罪人，无所不在的时间和无处不在的空间里的权威性指令充斥着他们的脑海。如果在几年甚至十几年或几十年的时间里都成为一种仪式化的话，要么反抗，要么机械化的人格就无法避免了。在我们国家，虽然监狱类型可以划分为男犯监狱、女犯监狱和未成犯监狱，但此三种监狱在隔控管理制度上的宽严程度并没有太多的区别，即便是表现良好的罪犯也必须严格遵守监狱的隔控管理制度。日本学者森下忠认为，罪犯的处遇应当遵循差别性原则。差别性原则是指如果从处遇类型的角度考察的话，不同类型的监狱在设施的面积、收容定员、职员阵容、作业种类、戒护程度、累进制及其他的要素不同而不同。①

二、监狱分类与设置的完善

鉴于上述当前监狱分类所存在的缺陷，可以考虑在未来的监狱法修改中把监狱分类与监狱设置在专章中设置。在这点上，我们可以从美国的监狱系统设置借鉴有益处的思路。根据美国的监狱分类现设置制度，首先，设置了专门关押一年以下的矫正机构，而不是像我们在看守所中进行改造。并且在短期监禁机构中，规定应当设

① ［日］森下忠：《犯罪处遇者论的课题》，成文堂 1988 年版，第 27 ~ 28 页。

立一个分类委员会，负责对罪犯进行分押，并且对这些短期刑罪犯进行分类改造。其次，根据美国的《模式刑法典》第三编之第304节规定，对关押一年以上的罪犯监狱设置、分类进行了详细规定。该节第1条明确规定了罪犯接收中心和接收分类委员会，并且对接收分类与再分类进行了非常详细的规定。该节第3条规定："接收分类委员会应当对矫正局收监的所有罪犯进行检查和研究，并且可以在完成上述检查和研究，将罪犯转移至其他机构所需时间内留置罪犯。委员会应当对调查每名罪犯的医疗、心理、社会、教育和职业的状况和历史，以及犯罪动机。对罪犯的研究结束后，接收分类委员会应当向矫正局长进交包括建议及其原因在内的报告。委员会的建议应当包括根据矫正局局长按规定建立的罪犯分类制度对罪犯进行分类，建议罪犯被转移到的机构或者部门，为保护社会而建议的监管程序和种类，以及改造罪犯的处遇计划。"该节的第4条紧接着规定了矫正机构的种类及关押的对象。①

在未来监狱法修改中，对监狱分类和设置可作如下思考。一是可以考虑设置入监监狱，在入监监狱中设置罪犯分类委员会。但考虑到要完全借鉴西方大部国家的警戒程度来设置监狱似又不妥，与我们国家的监狱设置情况根本不同，完全照搬只会东施效颦。因此，可考虑在法典中规定对所有的重刑犯监狱和轻刑犯监狱设置高度警戒监区、中度警戒监区和轻度警戒监区。

二是可以考虑设置出监监狱。我们国家的出监教育的地位没有得到重视。虽然比较以前出监教育得到一定程度的提高，但出监教育的地位在监狱行刑中的实际重视程度与它应然的重要地位仍不匹配。保持狱内秩序的稳定是监狱行刑的一根红线，但部分监狱民警认为出监教育只要保证平安无事就好，罪犯在出狱前只要不出现监

① 刘仁文等译：《美国模式刑法典及其评注》，法律出版社2005年版，第245～247页。

管安全事故就万事大吉。正是基于此种认识，在行刑实践中，出监教育包括职业技术教育、思想教育、法律教育、政策形势教育、前途教育等往往流于形式，起不到出监教育对罪犯在出狱前和出狱后的对接过渡的教育作用，导致出监教育在行刑实践中可有可无。这种虚无的罪犯出监教育观念对于罪犯出狱后的重返社会生活会造成不利的后果，服刑人员出狱前与出狱的衔接没有一个缓冲的过渡期，从一个完全隔绝的装置释放突然面对纷繁复杂的万千世界，可能无所适从是出狱人必须面对的一个结果。另外，出监教育的时间难以保证，财政保障不到位。根据司法部监狱局的相关统计表明，2003 年，全国监狱系统财务决算情况表明，服刑人员的改造经费实际人均 500 元以上的只有五个省份，即上海、北京、天津、内蒙古和吉林。该项经费全国平均财政仅为 188 元，实际支出 385 元，财政保障比重还不到 50%，有些省份的实际情况更为糟糕。上述情况表明，全国的教育改造经费捉襟见肘的情形，作为本来就不被重视的出监教育更是雪上加霜。笔者曾经所工作过的监狱调研显示，该监狱的出监教育经费几乎为零，一些社会企业的捐助热情似乎也不高涨，出监教育的经费很难得到实际的保障。根据《监狱教育改造工作规定》第 55 条规定，罪犯出监教育的时间为三个月，必须得到保证和强化。但绝大部分监狱在实践中很难严格执行，有些个别监狱的出监教育概念、内容和形式都没有完整的界定，即连出监教育的形式都做不到，出监教育的时间保证更是纸上谈兵。虽然有些监狱的出监教育时间为两个月或一个月，但对于需要效果保证的出监教育来说似乎只是杯水车薪，在短期内很难取得令人满意的效果。[①]

---

① 刘崇亮：《监狱管理与出狱人社会保护工作的衔接机制创新》，载贾洛川主编：《社会管理创新视域下出狱人社会保护创新与发展》，中国法制出版社 2012 年版，第 159 页。

因此，从巩固出监教育的地位出发，我们国家可以考虑设立出监监狱，当然，具体条件是在余刑在一年以下还是半年以下仍然可以再研究，此处也只是抛砖引玉罢了。

第三节　进一步完善罪犯教育改造制度

《监狱法》第五章、第六章专门两章对教育改造制度进行了规定，凸显了教育改造制度在我们国家监狱行刑中的重要地位。这在世界范围的监狱行刑的立法史上也不多见。笔者在查阅大部分的西方发达国家包括日本等国的监狱法资料，还没有发现哪个国家对教育改造如此重视。有的国家或地区虽然也会规定教育改造制度，但多为几个法条的原则性规定，很少像我国的监狱法中专门设置两章规定教育改造制度。但是，这也并不意味着我国的监狱法对教育改造制度的规定不存在问题。

一、思想教育成效并不明显

我国的罪犯思想教育是以政治思想教育为理论基础的，在对罪犯的思想教育中特别注重改造罪犯的世界观、人生观和价值观。对罪犯进行思想教育，是我国罪犯教育的首要任务。我国对罪犯的教育改造一贯主张攻心为上，治本为主，始终把思想教育放在核心地位。犯罪人之所以会犯罪，固然存在复杂的主客观原因，但从根本上说是受罪犯世界观支配的结果，他们被监禁以后，人身自由可以受到限制，但犯罪思想并未因此改变，也不能自行消失。所以必须要从罪犯的世界观入手，如果罪犯树立了正确的世界观、人生观和价值观的话，其他改造问题就会得到解决。但是，大道理、泛目标、样板式的宣传手段使得思想教育成效并不十分明显。集体宣讲是常见的教育形式，但往往流于形式，宣讲过后，罪犯个人对教育内容的理解及联系实际的思考，却常常成为教育的空白，难以实现对犯人的引导作用。对罪犯的思想教育，偏重于“宣传”教育，特别是形势、政策和前途教育，这对于素质较低的罪犯来说，无于是收效不明显。再加上大道理、泛目标、样板式的宣传手段，更是如此。集体宣讲是常见的教育形式，但往往流于形式，宣讲过后，罪犯个人对教育的内容的理解及联系实际的思考，却常常成为教育的空白，难以实现对犯人的引导作用。

二、监狱法中并没有把心理矫治写进法典

二十世纪八十年代，在监狱学研究领域，开始了对心理学和心理矫治科学的应用研究。心理矫治不再被视为唯心主义的方法，而被视为有针对性、科学的罪犯教育措施。1989 年，全国监管工作会议上明确指出：“罪犯改造的内涵十分丰富，包括行为、道德、人格，以及个性等方面。政治思想教育要讲针对性、有效、实用性，既要解决罪犯世界观的问题，又要解决心理缺陷问题和心理障碍问题，要开展心理咨询活动，以巩固和促进改造成果，建立罪犯心理矫治工作制度。于是，自二十世纪九十年代初，山东、上海等省市先尝试对罪犯的心理矫治教育，利用心理学原理分析、诊断罪犯心理状况，运用各种有针对性的技术治疗罪犯的心理和行为障碍，为罪犯提供有益的心理咨询和行为指导，增进罪犯心理和行为的健康。1994 年年底，司法部决定对罪犯的心理矫治工作列入现代化文明监狱考核验收的内容，从而大大促进了这项工作的实施和推广。到 2000 年，全国 93% 以上的监狱开展了罪犯心理矫治工作，经过多年的研究，适合我国国情的‘中国罪犯心理测试个分测验（试

用）’已经出台。”[①] 这样一个本土化的测量试表，更适合我国罪犯的心理和行为特征，由此所得出的罪犯心理状况评估结果，为心理矫治提供了更加客观的依据。但是，据笔者长期监狱工作经验表明，自监狱开展罪犯心理矫治工作以来，虽然取得了一定成绩，但是到目前为此，因为各地的心理矫治工作没有统一的制度或规范可遵循，使得该项制度往往流于形式。各个心理测量表、罪犯个性评估工具也不统一，作为规范教育改造工作的唯一法典，监狱法并没有将罪犯心理矫治写入监狱法。

三、监狱法对劳动改造的规定存在问题

《监狱法》第 69 条、第 70 条、第 71 条、第 72 条、第 73 条对罪犯劳动改造进行了明确规定。其中，第 69 条明确规定有劳动能力的罪犯，必须参加劳动，因为此条的规定，罪犯在监狱从事劳动是罪犯的强制性义务。接着第 70 条则明确了罪犯劳动的性质，“监狱根据罪犯的个人情况，合理组织劳动，使其矫正恶习，养成劳动习惯，学会生产技能，并为释放后就业创造条件”。从此条可以看出，我们国家监狱法给劳动赋予了改造的属性，故被称之为劳动改造。但成为问题的是，根据总则中的第 3 条规定，监狱对罪犯教育和劳动相结合原则，从此可以看出，教育改造与劳动改造在监狱行刑的法理中属于同一层次的活动。实质上，人们通常把劳动改造和教育改造、监管改造并列称之为三大改造手段。因此，把劳动改造放在教育改造制度这章中似乎存在着逻辑矛盾。

另外，监狱法的规定把罪犯劳动改造与职业技术教育混同了。

① 周勇：《我国罪犯心理矫治的现状、问题与对策》，载《犯罪与改造研究》2001 年第 8 期。

现有的罪犯劳动都是监狱组织的外来简单劳务加工，基本没有什么技术含量，而要组织罪犯在劳动中学会生产技能，为释放后就业创造条件的监狱法规定，把劳动改造和职业技术教育等同了。职业技能培训在性质上属于罪犯教育改造，是指监狱方面为了让罪犯顺利重返社会做准备，而聘请一些专家对罪犯进行专业技术的职业培训，这与罪犯强制性的劳动是完全不同的。罪犯劳动只能说具有矫正与教育的属性，但却不能认为罪犯劳动本身就是教育改造。在当代社会条件下，罪犯劳动本身惩罚属性并不会发生变化，罪犯劳动与职业技能培训在强制性、纪律性和活动的目的性都存在着较大的差别。[①] 美国联邦监狱局完成了一份全国性的调查报告，指出监狱在提高罪犯的劳动计划中面临着诸如以下的问题：（1）对罪犯的系统性职业培训和罪犯的劳动很难结合在一起，罪犯感兴趣的工作与监狱提供的雇佣计划很难协调。（2）罪犯多数承担的工作属于简单和低水平的工作，而这些并不能激发起罪犯的矫正热情。（3）罪犯劳动中普遍具有懒散、烦躁和无聊的情绪，在全国参加劳动的罪犯中，平均每个罪犯每天参加劳动的工作只有 2～3 个小时。（4）很难说罪犯在劳动中养成了爱劳动的习惯，除非那些参加了监狱组织的职业技术培训的罪犯能够在释放后运用监狱中学到技能。[②]

针对上述教育改造中存在的问题，在未来的监狱法修改中，考虑作出相应的修改。一是单独把劳动改造独立规定一章，而职业教育教育相关内容放在教育改造章节中。加强罪犯在劳动改造中的权利保障和义务的明确性，使得法条更具有可操作性。例如，可考虑具体的罪犯劳动时间和休息日，而不是笼统地规定参照国家有关劳动工时的规定执行。对罪犯的劳动报酬的内容进一步进行明确，而

---

① 刘崇亮：《本体与维度：监狱惩罚机能研究》，中国长安出版社 2012 年版，第 154 页。

② Josephine R. Potuto, *The Modern Prison: Let's Make It A Factory for Change*, University of Toledo Law Review Fall, 1986.

不是法条中笼统规定参照国家有关劳动工时的规定执行。二是在坚持思想教育为导向的同时，应当丰富罪犯教育的形式和内涵。把罪犯心理矫治写进教育改造内容中，明确思想教育、心理矫治、职业技术教育、文化教育等都是教育改造的重要内容，并对这些的教育改造内容明确作出具体的要求，如每个罪犯的职业技术教育的基本课时，需要进行心理矫治的罪犯应当及时安排心理康复及相关的内容安排等。

第四节　罪犯出狱保护衔接制度的完善

罪犯出狱保护衔接是指作为行刑机构的监狱在罪犯重返社会之前做好罪犯出监前的各项教育改造的同时，与社会上的各部门互相配合、互相支持、超前落实、相互协调，共同做好出狱人社会保护工作的各项措施的一体运行的途径和方式。

一、罪犯出狱保护衔接制度的基本特征

罪犯出狱保护衔接机制主要具有以下两个基本特征：

一是前瞻性。罪犯在长期监禁的过程中很可能被朔造成监狱化的人格，而一旦监狱化的人格被养成，罪犯回归社会后在短期内很难重新适应社会，社会生存能力被弱化。面对陌生的社会，罪犯不了解入狱后的社会发展的深广变化，不能适应发展的节奏要求，而且自身综合素质普遍较低下，不能适应时代的发展需要，重新犯罪的概率又大大增加，社会危险性骤然升高。出狱人回归社会后，很多人员面临着婚姻家庭、就业、社会保障等许多现实问题。我国每年约几十万名的罪犯回归社会，如果不及时在监狱提前解决其过渡

期所遇到的各种困难，这将是构建和谐社会过程中的又一个不稳定的因素。所以监狱的适当超前考虑，早作安排，超前考虑各种不利于罪犯回归的不稳定因素，把这些不稳定因素提前给予消化，是出狱人社会保护工作有机衔接的关键。

二是协调性。协调性也是教育改造效益最大化原则的最好体现，罪犯长期在监管机构中被处以较为严厉的监督，如果一下子被释放到社会上，相关部门又不及时跟进的话，罪犯很可能会茫然不知所措。特别是那些长刑期的回归人员，要么知识相当陈旧，文化水平低下，要么对社会的新信息知之甚少，在新的信息社会面前无所适从，容易受到歧视及失去就业机会；生活上的窘迫与现代社会生活极为不相容，造成沉重的心理负担。由于经济与社会的综合原因，目前我国对回归人员并没有太多完善的社会保障措施，回归人员极易形成狱中有饭吃，回归没人要的尴尬境域，引起新的心理障碍，进而铤而走险重新犯罪，造成对社会的第二次伤害。[①]

二、罪犯出狱保护衔接制度的价值

借助于监狱和地方各部门的力量整合对罪犯的再犯罪能力给予防治，能够较为理想的取代单个部门的有限力量的运用。对罪犯的再社会化相关的理论基础是建构在这样的基础之上的，即社会整体对罪犯的反映和对犯罪的控制，是一个抽象而又模糊的概念，但仍然可以确定的是犯罪人在受刑的过程中，社会要参与对受刑人的改造，不但监狱机关负有改造罪犯的责任，而且还应当动员社会的全部有利因素，以便选择性和有针对性的采取措施。人从生物性的角

① 刘崇亮：《监狱管理与出狱人社会保护工作的衔接机制创新》，载贾洛川主编：《社会管理创新视域下出狱人社会保护创新与发展》，中国法制出版社 2012 年版，第 151 页。

度看是一个生物个体，从社会的角度看，其本质上是一切社会关系的总和，罪犯也是如此。罪犯虽然囚禁在监狱之中，但其仍然是具有社会属性的社会主体，并且因为最终要重返社会之中，所以作为行刑机关的监狱应当在积极改造罪犯的同时，还应当集中社会上的一切可以利用的资源，并做好各方面的衔接工作，以做好出狱人的社会保护工作，实现出狱人的重返社会的良好效果。

监狱在对那些特殊的即将出狱的服刑人员出狱后的社会保护工作的作用尤其重要，包括未成年犯、老年犯、女性罪犯和家庭困难的罪犯、仍具有犯罪倾向的罪犯等。在出狱人社会保护工作的衔接机制中，监狱应当和社会各部门协力合作，一方面在狱内重点关注这部分罪犯的教育改造，在其出狱前尽量做好心理疏导、就业指导、困难扶助、家庭沟通等；另一方面对即将出狱人所在地方的帮教扶助的政府各部门，及时开展信息的传导，将其狱中的一些重要的信息及时反馈给对方，以确保出狱人在走向社会后得到良好的关注。①

三、罪犯出狱保护衔接制度存在的问题

罪犯出狱保护制度一些方面存在不少问题。

一是出监狱教育质量难以保证。当前我国出监教育存在着较为明显的短板。出监教育中的职业技能培训严重影响出监狱的教育质量，出监教育的专业化程度低。监狱警察不可能胜任所有的教育工作，绝大多数监狱警察只是熟悉法律，无法胜任职业技术教育，而许多社会办学机构受刻板印象的影响，不愿意为服刑人员提供教育

---

① 刘崇亮：《监狱管理与出狱人社会保护工作的衔接机制创新》，载贾洛川主编：《社会管理创新视域下出狱人社会保护创新与发展》，中国法制出版社2012年版，第159页。

支持，因此当前监狱对服刑人员进行的职业技能教育得不到社会的支持。这就直接导致监狱自身承担的教育任务加重、教育的内容少、方法落后，大大降低了出监教育专业化的水平提高。

二是教育内容陈旧，造成临出监人员心理疲惫。目前，我国监狱的生产设施、设备折旧严重和技术陈旧，在市场经济中缺乏适应性和竞争力。在这样的环境中多半是技术含量低、简单重复的劳动，很难开展先进的、适应性强的职业技能培训或技能实践。罪犯兼职教员大多是重刑犯，服刑时间都较长，也明显存在知识老化的问题。外聘社会师资力量则经费缺乏而没有做到长期化和定期化，无法满足罪犯职业技术教育的实际需要。这使出监教育转变成枯燥、繁重的劳动，使服刑人员心理疲惫，学习能力下降从而厌恶学习。

三是罪犯回归社会后面临的一系列问题，如社会对出狱人员的歧视和偏见。有的人认为在就业安置的问题上，现在社会竞争日益残酷，连一些曾经为国家和社会作出过巨大贡献的职工都下岗失业，那些具有专业知识、受过良好教育的大学毕业生国家都不可能全部得到安置，而这些曾经对社会造成过巨大伤害的罪犯，国家却采取政策扶助的同时，加大社会各个力量给予安置就业，这是对出狱人太过优待。所以，如果监狱与相关社会部门对出狱人的社会保护工作衔接机制存在问题，那些失去重新社会化的出狱人则可能选择再次危害社会。

四是衔接渠道不通畅。主要表现为监狱和负有出狱人保护职责的政府部门缺乏密切配合，衔接制度程序化的同时又流于形式。综合治理委员会1995年颁布的《关于进一步做好服刑、在教人员刑满释放、解除劳教时衔接工作的意见》，对监狱与出狱人社会保护工作的衔接给予了明确的规定，即监狱对出狱人应当及时准确地填写、寄发通知书及相关资料给公安和司法行政机关，特别是对提前释放的以及可能不回原籍的回归人员要及时反馈信息，紧密配合并跟踪落实，在衔接材料上进一步完善。其中包括监狱在罪犯出狱前一个月，制作填写《罪犯出监鉴定表》《刑满释放通知书》，将罪犯的基本情况，改造表现，掌握劳动技术情况，择业意向等内容一并详细填写在表中，以便于当地安置帮教机关能够及时地开展接茬帮教工作。同时县级安置帮教工作机构收到监狱所移交的《刑满释放人员通知书》等文书材料后，应当在规定的期限内通知罪犯家属及寄回回执。同时，意见还规定安置帮教工作机构还应及时造册建档、及时通知出狱人家属、及时制定和落实帮教措施等。上述相关的规定内容十分详细，从监狱到安置帮教机构所有的安置程序和步骤都很明确。但是在这里需要提出的是，即便上述的步骤在实际工作中被完成，监狱与帮教机构所应该有的密切配合仍然可能缺乏。因为从寄发通知到建档，再到通知家属，制定帮教措施，实务部门虽都能够顺利的完成，这些步骤和措施仍然可能流于形式。当监狱把罪犯释放出监狱、寄发文书等材料后，就与包括安置机构及其他负有配合义务和责任的政府部门失去联系，监狱和社会部门的衔接程序就已经完全走完，两方面没有形成一个持续有效的衔接机制，就造成了监狱管理部门对出狱后的人员不再有帮教作用了。实际上，很多出狱人在出狱后，对那些参与教育改造过的监狱民警具有感情的依赖性和思想的寄托，监狱民警在服刑人员出狱后具有重大的影响作用。如果监狱民警对出狱人保护工作不但在监狱管理中要有前瞻性，而且在出狱人回归社会后仍然和包括安置教机构等其他政府部门保持联通渠道，为这些机构提供信息、帮教扶助对策、针对性教育等，其社会效果是其他机构无法比拟的。[①]

① 刘崇亮：《监狱管理与出狱人社会保护工作的衔接机制创新》，载贾洛川主编：《社会管理创新视域下出狱人社会保护创新与发展》，中国法制出版社2012年版，第165页。

出狱人保护衔接制度在提高和巩固监狱行刑效益具有十分重要的作用，但是，《监狱法》的规定却仅在第37条中笼统地规定对于刑满释放人员，当地人民政府帮助其安置生活。如上所述，我们对出狱人的保护、安置存在着较严重的脱节。鉴于此，针对上述存在的问题，在未来的监狱法修改中，一是对出监教育作出明确的规定，构建出监狱教育的基本制度，以巩固监狱的教育成果。二是明确司法行政机关帮教安置机构组织协调的职责，明确安置部门工作职责；规定劳动和社会保障机构技能培训、就业促进和社会保障方面的职责；规定建立完善调动社会各界力量参与出狱人社会保护工作的鼓励机制。三是规定做好接茬保护的基础工作，安置部门应当定期对出狱人员进行改造质量社会调查。

第五节　建立和完善狱务公开制度

狱务指的是关于监狱对罪犯执行刑罚过程中所有关于行政性的管理性事务。在人类社会漫长的监狱史的演化过程中，狱政历史成为所有政治中最为隐秘的一部分。罪犯在被设计好的装置里，被强制隔离是现代监狱作为惩罚形式的一个主要标志，罪犯与社会隔离意味着自身违反社会规范的一种代价。在监狱里空间被用来区分不同类型的罪犯以便设置界限，进行规范化实践。罪犯这个群体中被当局精心规化布局，既要避免交往过密，又要防止和社会完全阻绝。监狱在一定程度上模糊了公众和私人的两个特征，监狱代表国家对罪犯进行管理这意味着是公众空间，而私人则又意味着他们从公众的视线中被排除出去。但这其中相对的两可特征为建构监狱的特殊群体是一个奇特的集合体提供了物质基础。[1] 在这些非正式群体居住的社区里，行刑权为了保证权力行使过程中的威严，而有意使得“监狱”这个符号最大限度地保持封闭。

但是，在人权保障与刑罚人道主义的历史进程中，监狱行刑社会化思潮在二十世纪中叶席卷全球背景下，诸如假释、缓刑等监禁刑替代措施广受好评的同时，开放式处遇的观念开始深入人心。开放处遇是与封闭处遇相对而言的一种罪犯行刑方式。其基本要点是取消传统的高墙电网，将物质、实力的强制约束降到尽可能低的程序，增大对服刑罪犯的信赖，增大服刑罪犯的狱内自由程度，加强其适应社会能力的训练，以利于顺利回归社会。[2] 在开放式处遇的背景下，监狱行刑的过程与程序同样也被要求公开，那种隐秘行刑的时代已经一去不复返。

我国自监狱法颁布后以来，依法治监水平不断提高，社会对监狱执法的要求也越来越高。为了保证监狱正确执行刑罚，维护国家法律的严肃性，加强执法监督制约机制，司法部于 1999 年颁布实施了《关于监狱系统在执行刑罚过程中实行“两公开、一监督”的规定》，“两公开”是指要求监狱系统公开执法依据和程序，公开结果；“一监督”是指主动接受有关部门及社会各界的广泛监督。可以说，此规定大体上反映了当时中国依法治监之理念，也是狱务公开的开端，为更高水平的行刑法治化打下了基础。司法部并于 2001 年正式颁布实施《关于在监狱系统推行狱务公开的实施意见》，首次在中国监狱系统内实施狱务公开制度。实施意见明确了公开的主要内容和公开方式。公开的主要内容包括：监狱的性质、任务和宗旨；罪犯法定的权利和义务；罪犯收监的规定；罪犯考

① Roger Matthews, *Doing Time*: *An Introduction to the Sociology of Imprisonment*, ST. MARTINSPRESS, 1999, pp. 26 ~28.

② 王泰：《现代监狱制度》，法律出版社 2002 年版，第 105 页。

核、分级处遇的条件和程序；罪犯通信、会见的规定；罪犯行政奖励的条件、程序和结果；罪犯行政处罚的条件、程序和结果；罪犯减刑、假释或又犯罪处理的条件、程序和结果；罪犯暂予监外执行的条件和程序；罪犯离监探亲的条件和程序；罪犯申诉、控告、检举的处理；罪犯生活卫生的管理；罪犯的教育改造；监狱警察的法定权利、义务和纪律。公开的主要方式包括：借助新闻媒体，运用狱内宣传手段，开展狱务咨询，印发《狱务公开手册》。并建立了有效的狱务公开监督手段。十八届四中全会又提出全面推进政务公开，坚持以公开为常态，不公开为例外原则，推进决策公开、执行公开、管理公开、服务公开和结果公开。

为了进一步提高执法公信力，司法部于2015年4月又颁布了《司法部关于进一步深化狱务公开的意见》。该意见提出了狱务公开应当遵循依法公开、及时准确和强化监督的公开原则，并在原来的意见上进一步明确了所有狱务公开的内容，涉及监狱行刑22个方面，规定除向社会公众公开的内容外，还明确了依法向罪犯近亲属公开有关罪犯的个人服刑信息，进一步细化了狱务公开的渠道和办法。

一、狱务公开的价值

在刑事法治化水平日益提高的今天，监狱加强推进狱务公开具有重要的社会意义。

一是体现了行刑社会化和开放式处遇的世界行刑潮流。行刑社会化和开放式处遇的观念在我国的传统监狱行刑理论中一般认为主要体现在社会帮教、监禁刑替代措施等。但是，现代行刑理论中要求更高层次的社会化和开放处遇，监狱内的设施和制度的设置也尽量以促进罪犯社会化为目标。监狱管理人员和罪犯间的关系不再是处于完全对立的，而在一定程度上是平等而非正式的，管理人员通常练习大量的酌处权和被鼓励使用个人的判断力而不是采用严格的教条主义。代替控制模式中日复一日地依靠行政命令和强制措施，犯人们有大量的自由时间和有参加相关活动的选择权，一些小的违规行为则有可能被管理人员所忽略不计。犯人们的一些意见可能被管理当局所采纳，一些文娱等活动被鼓励参加，而且在某些开放的监狱，允许他们组成自己的管理小组或自治委员会。在此种情形下，文明模式在一些发达的西方国家开始盛行，当然，在惩罚机能和改造机能两种机能有所侧重的监狱可能会采用不同的管理模式，但即使在偏重惩罚机能的现代文明模式的监狱，其也必须采取依法治监，允许罪犯有自己相对较大的隐私空间，罪犯与管理人员的关系不再处于对立的紧张关系，这样监狱的两种机能相对更容易实现。[①] 同样，监狱内的行刑过程和结果也被强调透明，应当被国家和社会监督，而狱务公开正是在这种大的监狱行刑潮流下的必然要求。

二是有利于推进行刑人道和罪犯权利保障。当下行刑人道不能再只停留在物质层面去探讨犯罪人的物质供给，如食宿、衣物、饱暖问题，这些物质性的因素当代的中国监狱归功于经济与社会的发展，基本上已经解决了上述问题。成为可以思考的领域应当是某些监狱制度层面上的东西。罪犯的权利剥夺与监狱惩罚活动不但在法的轨道行使，而且应当依法公开。只有在依法公开的基础上，不当的制度和执法的错误才能从根本上杜绝。狱务全面而合法的公开，不仅是促使罪犯养成依法行使权利观念的重要方式，也是社会民众树立对法的信仰的重要路径。

① 刘崇亮：《范畴与立场：监狱惩罚的限制》，中国法制出版社2015年版，第9页。

二、狱务公开的缺陷及完善

自司法部颁布一系列有关狱务公开的决定以来，取得了较好的法律效果和社会效果，但是监狱法对此并没有规定。从制度性的需求出发，在未来的监狱法修改中应当把狱务公开写入监狱法法典之中。为此，有关狱务公开制度的几个立法技术性问题应当得到明确。

一是关于狱务公开的性质。从狱务公开的内涵和公开的基本内容来看，狱务公开既有狱政管理的内容，也有罪犯权利保障的内容，还有教育改造的内容，因此，狱务公开应当区别于狱政管理、罪犯权利保障等制度本身，它应当是保证上述监狱刑罚执行制度顺利实施的监督或舆论性制度。因此，关于狱务公开的法条若在未来的监狱法修改需要写入法典时，涉及此方面内容的法条应当放在关于刑罚执行监督专节中。

二是关于狱务公开的内容。根据《司法部关于进一步深化狱务公开的意见》第 5 条之规定，监狱应当对下列内容对社会进行公开：（1）监狱的性质、任务和职责权限。（2）监狱人民警察的权利、义务和纪律要求。（3）对监狱机关和监狱人民警察执法、管理工作进行举报投诉的方式和途径。（4）罪犯收监、释放的法定条件和程序。（5）罪犯的基本权利和义务。（6）罪犯申诉、控告、检举的方式和途径。（7）罪犯减刑、假释的法定条件、程序和结果，监狱向人民法院提请罪犯减刑、假释的建议书。（8）罪犯暂予监外执行的法定条件、程序和结果，罪犯暂予监外执行决定书。（9）罪犯狱内又犯罪的处理程序和结果。（10）罪犯服刑期间应当遵守的行为规范。（11）对罪犯服刑改造表现进行考评的条件和程序。（12）罪犯分级处遇的条件和程序。（13）罪犯获得表扬、记功或物质奖励等奖励的条件和程序。(14) 罪犯受到警告、记过或者禁闭等处罚的条件和程序。(15) 罪犯立功和重大立功的条件和程序。(16) 罪犯通讯、会见的条件和程序。(17) 罪犯离监探亲、特许离监的条件和程序。(18) 罪犯思想、文化、职业技术教育有关情况。(19) 罪犯劳动项目、岗位技能培训、劳动时间、劳动保护和劳动报酬有关情况。(20) 罪犯伙食、被服实物量标准，食品安全、疾病预防控制有关情况。(21) 监狱执法管理重大事件的处置及调查情况。(22) 监狱工作相关法律法规和规章。(23) 法律、法规、规章和其他规范性文件规定的应当向社会公开的内容。此外根据该实施意见的第 6 条，监狱还应当依法向罪犯近亲属公开有关罪犯的个人服刑信息。公开的内容包括：(1) 监狱的名称、地址及联系方式。(2) 对监狱提请罪犯减刑、假释、暂予监外执行建议有异议的处理方式。(3) 监狱对罪犯实行分级处遇、考评、奖惩的结果，以及对结果有异议的处理方式。(4) 罪犯立功或重大立功的结果，以及对结果有异议的处理方式。(5) 监狱批准罪犯通讯会见、离监探亲、特许离监的结果。(6) 罪犯参加文化、职业技术教育、社会自学考试、考核的结果。(7) 罪犯从事的劳动项目、岗位和劳动报酬以及劳动技能、劳动绩效和劳动素养的评估等情况。(8) 罪犯食品、日用品消费及个人钱款账户收支等情况。(9) 罪犯身体健康状况、体检结果以及疾病诊治等情况。(10) 监狱认为需要向罪犯近亲属公开的其他信息。

对上述该狱务公开的实施意见中有关狱务公开的内容，笔者认为，值得商榷。首先，主要问题存在于对社会公开的内容。该意见的第 5 条详细规定的对社会公开的内容达到了 23 条之多，似乎完全公开。但笔者认为，这些内容并非属于狱务公开的范畴。这些内容全部系监狱法法典及司法部部门规章的内容，都是广义监狱法中的内容，按照成文法主义，法律一旦被制定出来，就需要向社会公布，国家对颁布实施的法律则需要通过各种方式向国民宣传，以使守法和执法效果整体统一。也就是说，上述被规定为属于狱务公开的内容实质上属于法律的内容，不是属于狱务，而是法条已经公开的内容。其实，上述的向社会公开的内容在法理上属于法制宣传，使公民守法达到良好效果。

其次，狱务公开因为如笔者所界定的概念是指关于监狱对罪犯执行刑罚过程中所有关于行政性的管理性事务，所以狱务公开中的内容只能是罪犯在实际被执行刑罚过程中所涉及的行政性管理事项。那么，第6条所涉及需要公开的事项在性质上属于狱务公开的范畴。

鉴于以上分析，在未来的监狱法的修订时，可以考虑把实施意见中第6条关于狱务公开的内容写进入法典。

图书在版编目（CIP）数据

制度性需求下《监狱法》修改研究／刘崇亮著．—北京：中国法制出版社，2018.10
（上海政法学院刑事法学文库）
ISBN 978－7－5093－9489－2

Ⅰ.①制… Ⅱ.①刘… Ⅲ.①监狱法—中国—文集 Ⅳ.①D926.7－53

中国版本图书馆 CIP 数据核字（2018）第 119006 号

责任编辑　陈　兴　赵文博　　　封面设计　杨泽江

制度性需求下《监狱法》修改研究
ZHIDUXING XUQIU XIA《JIANYUFA》XIUGAI YANJIU

著者/刘崇亮
经销/新华书店
印刷/北京京华虎彩印刷有限公司
开本/640 毫米×960 毫米　16 开　　印张/12.5　字数/152 千
版次/2018 年 10 月第 1 版　　2018 年 10 月第 1 次印刷

中国法制出版社出版
书号 ISBN 978－7－5093－9489－2　　定价：45.00 元

北京西单横二条 2 号
邮政编码：100031　　传真：66031119
网址：http：//www.zgfzs.com　　编辑部电话：010－66010405
市场营销部电话：010－66033393　　邮购部电话：010－66033288

（如有印装质量问题，请与本社印务部联系调换。电话：010－66032926）